Shelley Husband

Granny Squares mit Stil

50 moderne Designs des beliebten Häkelquadrats

mvgverlag

Bibliografische Information der Deutschen Nationalbibliothek
Die Deutsche Nationalbibliothek verzeichnet diese Publikation in der Deutschen Nationalbibliografie. Detaillierte bibliografische Daten sind im Internet über https://dnb.de abrufbar.

Für Fragen und Anregungen
info@m-vg.de

Originalausgabe
3. Auflage 2025

Türkenstraße 89
80799 München
Tel.: 089 651285-0

Die englische Originalausgabe erschien 2018 unter dem Titel Granny Square Flair.

Übersetzerin: Dr. Kathrin Korch
Umschlaggestaltung: Manuela Amode
Umschlagabbildung, Layout und Fotos: Shelley Husband
Satz: Bernadett Linseisen (schere.style.papier), München
Druck: Florjancic Tisk d.o.o., Slowenien
Printed in the EU

ISBN Print 978-3-7474-0644-1
ISBN E-Book (EPUB, Mobi) 978-3-98922-052-2

Inhalt

Schal Dahlia, Seite 89

Decke Heirloom Sampler, Seite 98

Willkommen bei Granny Squares mit Stil!

Ich liebe nichts mehr, als mich mit Garn und Häkelnadel hinzusetzen und neue Granny Squares zu entwerfen. Ich freue mich, wenn ein Problem gelöst ist, wenn das Eureka! da ist, wenn eine Idee zum Leben erweckt wird, mit neuen Garnen und Farben. Das macht so viel Spaß. Aus dieser Experimentierfreude heraus ist *Granny Squares mit Stil* entstanden. Ich habe 50 meiner Originalentwürfe in diesem Buch versammelt und dabei einfache Granny Squares auf aufregende Weise weiterentwickelt.

Eigentlich ist ein Granny Square ein quadratisches Häkelstück, das von der Mitte aus in Runden gehäkelt wird. Ich beschreibe sie lieber als häppchengroße Abenteuer aus Garn, bei denen man mit vielen unterschiedlichen Maschenarten und Techniken spielen und so kleine hübsche Stücke anfertigen kann. Man kann sie kombinieren und daraus alle möglichen wundervollen Dinge schaffen.

Häkelquadrate sind in vielerlei Hinsicht dankbar. Sie geben einem das Gefühl, etwas erreicht zu haben, weil man ein Quadrat schnell fertig hat. Jedes Mal, wenn eines beendet ist, kannst du einen kleinen Freudentanz vollführen. Es entsteht keine Langeweile durch immer dieselben endlos langen Reihen. Außerdem hat es viele Vorteile, Geist und Hände zu beschäftigen und dabei etwas Schönes herzustellen.

Wenn das alles noch nicht reicht: Granny Squares kann man prima für unterwegs mitnehmen. Sie eignen sich wunderbar für die tägliche Fahrt zur Arbeit oder wenn man bei Ausflügen auf dem Beifahrersitz sitzt. Betrachte sie als Pause in deinem Alltag, deine Auszeit, in der du entspannen und alles um dich herum vergessen kannst. Wenn du ungefähr jeden Tag ein Granny Square häkelst, hast du im Nu genug für ein ganzes Projekt zusammen!

Die Muster in diesem Buch decken die ganze Skala von schnell und einfach bis zu solchen, die etwas mehr Konzentration erfordern, ab. Dabei gehe ich davon aus, dass du schon häkeln kannst. Dies ist kein Buch, um häkeln zu lernen, sondern eine Sammlung, mit der du eigene Projekte entwerfen und deine Fähigkeiten erweitern kannst, wenn du mit den Mustern spielst.

Neben den Mustern für 50 Squares findest du hier noch komplette Anleitungen für elf schöne Projekte, die du daraus anfertigen kannst. Aber beschränke dich nicht auf diese Projekte. Meine Hoffnung ist, dass du sie auf deine eigene Weise verwendest und daraus machst, was dir gefällt. Zu diesem Zweck habe ich noch Tipps hinzugefügt, mit denen du eigene Projekte entwerfen kannst.

Ich hoffe, dass dich mein Buch dazu inspiriert, neue Techniken auszuprobieren, deine Häkelfertigkeiten zu erweitern und ein paar Häkelwunder zu erschaffen, die du und deine Lieben die nächsten Jahre hegen und pflegen werden.

Jetzt lass deine Nadel fliegen!

Deine Shelley

Vorbereitungen

Was man braucht

Lass uns sehen, welche Utensilien man zur Hand haben sollte.

Häkelnadeln

Während der Zweck von Häkelnadeln immer derselbe ist, kann ihr Design und ihre Konstruktion ziemlich voneinander abweichen. Manche haben einen einfachen Schaft und Haken, aber es gibt sie auch mit Griffen in vielen verschiedenen Formen und Größen. Zudem können sie aus unterschiedlichem Material sein, aus Metall, Holz oder Kunststoff oder einer Kombination daraus.

Wenn du viel häkelst, lohnt es sich, in ein gutes Set Häkelnadeln zu investieren, mit dem man über längere Zeit bequem häkeln kann. Welche Nadel du wählst, hängt von deinen persönlichen Vorlieben und deiner Häkeltechnik ab. Manche eignen sich besser für die, die die Nadel von oben greifen, andere für den Griff von unten.

Abgesehen von dem Design empfehle ich für die Muster in diesem Buch eine 4 mm starke Nadel, wenn du Garn mit der Lauflänge von 120 m je 50 g verwendest.

Natürlich musst du dich nicht daran gebunden fühlen! Probiere einfach aus, wie es dir gefällt!

Wenn du dickeres oder dünneres Garn nehmen willst, ist das kein Problem. Arbeite dann zunächst mit der auf dem Etikett empfohlenen Nadelstärke. Wenn dir die Dichte und Struktur des Musters damit gefällt, prima! Fahre dann damit fort. Soll deine Häkelarbeit fester werden, nimm eine kleinere Nadel. Und soll sie lockerer werden und leichter fallen, eine größere.

Wenn du ein anderes Garn und eine andere Nadel als empfohlen nimmst, können die Quadrate eine andere Größe bekommen. Das macht nichts, außer wenn du damit Kleidungsstücke anfertigen willst oder wenn meine Muster zu anderen passen sollen. Eine Decke ist eine Decke, egal wie groß sie ist. Wenn du dafür dickeres Garn und eine größere Nadel nimmst, wird sie am Ende größer, mit dünnerem Garn und einer kleineren Nadel kleiner. Neben der Größe ändert sich dann auch die benötigte Garnmenge ein wenig. Berechne das immer, bevor du mit einem Projekt beginnst, dann funktioniert alles gut.

Garn

Ah, Garn. Es gibt eine so große Auswahl! Dabei beeinflussen viele Faktoren deine Wahl.

Fasern

Garne sind aus ganz unterschiedlichen Fasern gemacht: aus Baumwolle, Wolle (Schaf-, Alpaka-, Angora-, Kaschmir-, Yakwolle), Leinen, Bambus oder aus synthetischen Fasern wie Acryl und Nylon. Aufgrund von Allergien kommen bei deiner Wahl einige davon vielleicht nicht infrage. Synthetische Fasern und manche Herstellungsverfahren schließt du womöglich aus Umweltgründen aus.

Herstellung

Auch die Art der Herstellung hat vielleicht einen Einfluss auf deine Wahl. Lose verdrehtes Garn kann leicht splitten und schwierig zu verarbeiten sein. Mit festerem Garn wird die Häkelarbeit steifer. Mit einem flauschigen Garn sind aufwendigere Maschenarten weniger sichtbar, während man bei einem Baumwollgarn jede Masche deutlich erkennen kann.

Kosten

Die Kosten können bei der Auswahl eine große Rolle spielen, vor allem wenn man die Mengen betrachtet, die man für größere Projekte benötigt. Dabei sollte man auch den Aufwand und die Zeit bedenken, die man in ein Projekt investiert. Wenn man in ein schönes Garn investiert, wird einem am Ende das Ergebnis viel besser gefallen.

Projekt

Bei der Garnauswahl solltest du immer den Zweck des Häkelprojekts bedenken. Wenn du eine Decke für ein Haustier häkelst, ist pflegeleichtes Acrylgarn eine gute Wahl. Eine Babydecke sollte weich und leicht zu waschen sein, dafür eignet sich ein Mischgarn gut. Wenn du eine Tasche häkelst, nimmst du am besten mercerisierte Baumwolle, damit sie lange hält. Es hängt von deinen persönlichen Vorlieben ab, welches das beste Garn für dich und dein Projekt ist. Ich persönlich nehme gerne nicht mercerisiertes Baumwollgarn mittlerer Stärke, weil ich vor allem Decken häkele und mir der weiche Fall und das deutliche Maschenbild gefallen. Niemand möchte sich in eine kratzige, steife Decke kuscheln!

Du musst dich entscheiden, welches Garn am besten zu deinen eigenen Vorlieben, zu deinem Budget und dem Zweck der Häkelarbeit passt.

Weitere nützliche Dinge

- schön scharfe Schere
- Wollnadel
- Maßband
- Maschenmarkierer (oder einfach Garnreste)
- Spannmatte und Stecknadeln

Was man wissen sollte

Lass uns auf ein paar technische Dinge schauen: wie man ein Quadrat beginnt und wie man nahtlose Übergänge häkelt. Außerdem gebe ich dir ein paar Tipps zur Größe der Grannys, zu den Farbkombinationen sowie zu den Anleitungen und Häkelschriften.

Wie man ein Quadrat beginnt

Es gibt viele Möglichkeiten, ein Granny Square zu beginnen. Meistens empfehle ich, mit 1 Luftmasche zu beginnen und die Maschen der ersten Runde in diese zu häkeln. Wenn du fertig bist, ziehe den Endfaden fest, um das Loch in der Mitte zu schließen, und vernähe ihn.

Aber bei einigen Modellen werden in der ersten Runde viele Maschen gehäkelt, weshalb man diese mit einer Schlaufe beginnt und die Maschen der ersten Runde daraufhäkelt. Dafür kannst du entweder eine Luftmaschenkette häkeln und sie mit einer Kettmasche verbinden oder mit einem magischen Ring beginnen. Wenn du dich für einen magischen Ring entscheidest, achte darauf, den Endfaden sorgfältig zu vernähen, damit er sich später nicht auflöst.

Bei den Anleitungen wird jeweils erwähnt, welche Methode verwendet wird.

1 Luftmasche

Luftmaschenkette

Magischer Ring

Tipps für nahtlose Übergänge

Damit deine Häkelarbeit möglichst schön aussieht, solltest du meine Tipps zu den nahtlosen Verbindungen und Übergängen zwischen Farben und Runden umsetzen. Jeder dieser Tipps allein macht nicht viel aus, aber alle zusammen führen zu anscheinend nahtlosen Übergängen.

Alternative zur Anfangsluftmasche

Traditionell beginnt eine Häkelrunde mit einer Anzahl an Luftmaschen, die die erste Masche ersetzen. So werden zum Beispiel anstelle eines Stäbchens am Beginn einer Runde in der Regel 3 Luftmaschen gehäkelt. Damit gleicht man die Höhe eines Stäbchens aus und gelangt an die richtige Stelle, um die nächste Masche zu arbeiten.

Diese Anfangsluftmasche kann beim Arbeiten in Runden ziemlich auffallen, daher arbeite ich eine falsche Masche, damit man sie nicht erkennt.

Das geht so.

Die Schlaufe etwas länger als für ein Stäbchen ziehen (A). Die Schlaufe auf der Nadel mit einem Finger festhalten und dann die lange Schlaufe um die Nadel wickeln (B). Einen Umschlag um die Nadel legen und durch die gewickelte Schlaufe ziehen (C), noch einen Umschlag um die Nadel legen und durch alle Schlaufen auf der Nadel ziehen (D). Das sieht vielleicht etwas komisch aus, aber wenn man die nächsten Maschen der Runde häkelt, fällt das gar nicht mehr auf. Am Ende kannst du die Runden unter 2 Schlaufen verbinden, wie bei einer normalen Masche (E).

Diese falsche Masche funktioniert nicht nur bei einem Stäbchen. Man kann auch ein falsches Doppelstäbchen häkeln, dafür muss man die Schlaufe etwas länger ziehen und zweimal um die Nadel wickeln, bevor man die Masche wie gewohnt häkelt.

Manchmal ist es am besten, das Quadrat mit Luftmaschen zu beginnen. Wenn eine Runde mit einer unsichtbaren Verbindung beendet werden soll, sind Luftmaschen am besten, denn das obere Ende der unsichtbaren Verbindung und die Luftmaschen bilden zusammen eine Masche, die einer normalen Masche sehr ähnlich sieht.

A

B

C

D

E

Wenn am Beginn einer Runde ein halbes Stäbchen gehäkelt werden soll, fängt man am besten mit 2 Luftmaschen an.

Alle Modelle in diesem Buch beginnen mit Luftmaschen.

Farbwechsel

Am besten fängt man mit einer neuen Farbe nicht an der letzten Masche oder dem letzten Zwischenraum einer Runde an.

Methoden

Für einen Farbwechsel empfehle ich einen Mix aus den folgenden Methoden.

Kettmasche

Bei der ersten Methode beginnt man den neuen Faden mit einer Kettmasche und häkelt dann eine Anfangsluftmasche.

Stehende Masche

Bei der zweiten Methode wird der Faden der alten Farbe durch die letzte Masche gezogen und abgeschnitten. Dann mit der Häkelnadel ins Häkelstück einstechen, Faden in neuer Farbe durchholen, wieder ins Häkelstück einstechen und beide Schlingen, die auf der Häkelnadel liegen, abmaschen.

Am besten arbeitet man den Übergang mit einer Kettmasche, wenn nur eine Runde damit gehäkelt wird, denn beim Übergang mit einer stehenden Masche muss man später zwei Garnenden an derselben Stelle am Rundenübergang vernähen. Bei einem Farbwechsel mit einer Kettmasche wird ein Fadenende am Beginn und eines am Ende einer Runde vernäht.

Wo Runden enden und beginnen

Bei Häkelanleitungen wird in Ecken normalerweise eine Kettmasche gehäkelt, um für den Beginn der nächsten Runde ein wenig zurückzuarbeiten. Oder man beginnt und endet die Runden in der Mitte einer Seite, dann sind die Übergänge jedoch sichtbar. Für manche Muster sind diese Möglichkeiten geeignet, für andere eher nicht.

Je nach Muster kann die Kettmasche sichtbar sein, wenn die Maschen, in die man sie häkelt, in der nächsten Runde nicht gehäkelt werden. Wird darauf gehäkelt, kann es schwieriger sein, die Nadel in diese Maschen zu stechen, und diese Stelle wird etwas dicker.

Damit man nicht an der betreffenden Stelle eine Kettmasche häkeln und für den Beginn der nächsten Runde ein wenig rückwärts arbeiten muss oder um zu vermeiden, dass der Übergang zu erkennen ist, verwende ich für meine Muster eine Technik, die von Spitzendeckchen übernommen wurde.

Viele Spitzen werden mit großen Luftmaschenbögen gehäkelt, in deren Mitte in der nächsten Runde eine einzelne Masche gearbeitet wird. Damit man nicht zu viele Kettmaschen häkeln muss, um die Mitte eines großen Luftmaschenbogens zu erreichen, und damit diese Stelle nicht zu dick wird, werden diese Muster mit einer Masche verbunden. Wenn etwa eine Runde aus Bögen von 7 Luftmaschen besteht, wird der letzte dieser Bögen durch 3 Luftmaschen und ein Doppelstäbchen ersetzt. So gelangt die Nadel in die Mitte dieses Luftmaschenbogens, an die richtige Stelle also, um eine Masche für die nächste Runde zu arbeiten. Das Doppelstäbchen ersetzt die zweite Hälfte dieses Bogens aus 7 Luftmaschen.

Ich habe mich dieser Methode beim Entwurf meiner Quadrate bedient. Wenn ein Quadrat 2-Luftmaschen-Zwischenräume in einer Ecke hat, endet die Runde mit 1 Luftmasche und einer verbindenden festen Masche. Diese feste Masche ersetzt die zweite Luftmasche und bringt die Nadel genau an die richtige Stelle, um die nächste Runde zu beginnen, ohne dass man eine Kettmasche häkeln oder zurückarbeiten muss. Je nach Muster muss man noch eine Masche über diese Verbindungs-Masche häkeln. Behandele die Verbindungs-Masche als die zweite Luftmasche in einer Ecke mit einem 2-Luftmaschen-Zwischenraum und arbeite darüber, als ob es ein Luftmaschenbogen wäre.

Wenn die Ecken eines Musters aus größeren Luftmaschenbögen bestehen, ist die endgültige Anzahl an Luftmaschen und Verbindungs-Masche nicht dieselbe. Wenn etwa eine Runde Ecken aus einem Zwischenraum von 4 Luftmaschen hat, kann sie mit 1 Luftmasche und einer Verbindung aus einem Stäbchen enden. Eine Runde mit Ecken aus einem Zwischenraum von 3 Luftmaschen kann mit 1 Luftmasche und einer Verbindung aus einem halben Stäbchen enden.

Damit man leichter erkennt, wo man die Nadel in der nächsten Runde nach einer Verbindungs-Masche einstechen muss, legt man am besten in den Zwischenraum davor einen Fadenrest in der Ecke ein. Daran siehst du, wo du die Nadel einstechen musst, wenn du über einer Verbindungs-Masche häkeln sollst, und wo die letzte(n) Masche(n) der nächsten Runde gehäkelt wird/werden.

Wenn man die Verbindung mit einer Masche arbeitet, beginnt man bei Quadraten jede Runde auf der Diagonalen, d. h. man häkelt die Hälfte der ersten Ecke, dann die vier Seiten und anderen drei Ecken, und beendet schließlich am Rundenende die erste Ecke. So vermeidet man einen sichtbaren Übergang.

Natürlich gibt es, wie bei den meisten Regeln, gelegentlich Ausnahmen. Bei einigen Mustern in diesem Buch wird eine Kettmasche am Beginn einer Runde gehäkelt, damit sie nicht allzu kompliziert werden.

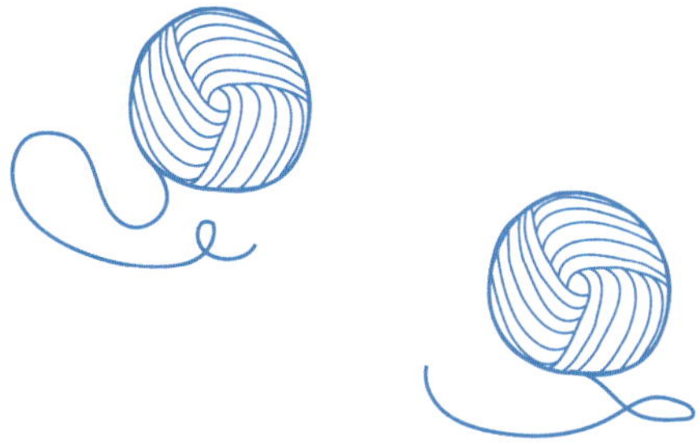

Größe

Alle Quadrate in diesem Buch haben eine Seitenlänge von 15 cm, wenn sie bei einer durchschnittlichen Fadenspannung mit einem Garn mit einer Lauflänge von 120 m/50 g und einer 4-mm-Nadel gehäkelt werden.

Kleine Größenunterschiede sind nicht schlimm, außer wenn die hier erklärten Quadrate mit anderen kombiniert werden sollen. Das Endergebnis (Decke, Tasche, Kissen, Schal) kann etwas größer oder kleiner werden, aber das macht nichts, wenn es keine Kleidungsstücke sind. Eine geringe Abweichung bei jedem Quadrat führt auch bei der größten Decke nicht zu einem riesigen Unterschied. Wenn du für ein ganzes Projekt nur ein einziges Muster verwendest, macht das gar nichts, weil alle Quadrate gleich groß sind.

Wenn du nur nach Anleitungen aus diesem Buch und diese mit demselben Garn und derselben Nadel häkelst, werden deine Quadrate wahrscheinlich alle gleich groß.

Aber es könnte Situationen geben, in denen die Größe eines Quadrats stärker abweicht als erwünscht. Lass uns sehen, warum das vorkommt und was du tun kannst, um das zu korrigieren.

Anderes Garn

Nicht alle Garne sind gleich – auch „äquivalente" nicht. Ich habe zwar zum Beispiel für die cremeweißen und blauen Quadrate theoretisch äquivalente Garne verwendet, aber die blauen sind meist etwas kleiner als die weißen.

Häkelstil

Meine Quadrate haben zwar alle eine Seitenlänge von 15 cm, aber je nach Häkelstil können deine leicht davon abweichen. Nimm zum Beispiel das Deco-Muster. Hier werden hauptsächlich Doppelstäbchen gehäkelt. Diese Maschen sind groß, und wenn deine Fadenspannung nicht dieselbe wie bei mir ist, kann das Ergebnis viel größer oder kleiner werden. Das gilt für jedes Muster, in dem viele Maschen einer Art gehäkelt werden.

Die Größe anpassen

Wenn du möchtest, dass deine Quadrate dieselbe Größe haben, gibt es ein paar Möglichkeiten, das hinzubekommen.

Verbinden

Beim Verbinden kann man kleine Größenunterschiede zwischen den Grannys ausgleichen, wenn man sie fest zusammenhäkelt.

Spannen

Wenn ein Quadrat etwas kleiner als die anderen ist, hilft es, es zu spannen.

Muster angleichen

Wenn ein Quadrat größer werden soll, kannst du entweder eine Runde feste Maschen hinzufügen oder in der letzten Runde die Maschenart anpassen, damit diese größer wird. Endet etwa eine Anleitung mit einer Runde halber Stäbchen, häkele stattdessen Stäbchen, um sie zu vergrößern.

Ist ein Quadrat etwas zu groß, kannst du bei einigen Anleitungen die letzte Runde weglassen, ohne dass sich das auf das Muster auswirkt. Oder du kannst in der letzten Runde die Maschenart wechseln und kleinere Maschen häkeln.

Größe der Häkelnadel

Wenn ein Quadrat zu groß ist, könntest du es mit einer kleineren Häkelnadel noch einmal anfertigen. Und umgekehrt, nimm eine größere Nadel, wenn ein Quadrat kleiner ist als gewünscht.

Ein Hinweis zur Größe der Nadel und des Quadrats

In diesem Buch wird zwar für ein Garn mit einer Lauflänge von 120 m/50 g eine 4-mm-Nadel empfohlen, aber das ist nicht bindend. Das gilt auch für die empfohlenen Kombinationen von Garn und Häkelnadel.

Nimm für eine dichtere, festere Häkelarbeit eine kleinere Nadel und für eine lockerere mit leichterem Fall eine größere. Häkele mit der Nadelstärke, die zu dem gewünschten Ergebnis führt. Sofern du für ein Projekt immer dieselbe nimmst, ist alles in Ordnung. Wie bereits erklärt, können deine Quadrate dann natürlich größer oder kleiner werden, aber das macht nichts.

Farben

Die Anleitungen in diesem Buch werden ohne Farbwechsel beschrieben. Für die Abbildungen wurden die Quadrate mit einem Garn aus 100 % Baumwolle und einer Lauflänge von 485 m/200 g der Marke Bendigo Woollen Mills gehäkelt. Aber du kannst gerne nach Belieben Farbwechsel einarbeiten.

Möchtest du die Farbe wechseln und die Runde wird so wie bei den nahtlosen Übergängen erklärt begonnen, ist eine kleine Anpassung am Rundenende nötig. Einfach die angegebene Anzahl an Ecken/Luftmaschenbögen häkeln und mit einer Kettmasche an der ersten Masche oder Anfangsluftmasche verbinden.

Neben der einfarbigen Version werden bei jedem Muster zwei oder mehr Möglichkeiten für mehrfarbige gezeigt. Zum Glück haben mir einige meiner Häkelfreunde aus der ganzen Welt geholfen, die Quadrate zu

häkeln, dabei haben sie ihre Lieblingsfarben und -garne verwendet. Wirf einen Blick auf diese schönen Ergebnisse.

Natürlich kannst du mit jeder beliebigen Farbe häkeln. Jedes Quadrat kann aus unterschiedlich vielen Farben angefertigt werden, mit nur einer Farbe oder auch mit jeweils einer eigenen Farbe für jede Runde. Verwirkliche dich selbst und verwende deine Lieblingsfarben oder welche, die zu deiner Einrichtung passen. Experimentiere ein wenig und sieh, was dir gefällt. Du kannst die Farben immer nach ein paar Runden wechseln oder auch in Regenbogenfarben häkeln. Es gibt zahlreiche Möglichkeiten und immer wirkt dasselbe Muster anders.

Wenn du dich mit der Farbauswahl schwertust, kannst du in deiner Stadtbibliothek oder im Internet einen Blick auf die Farbtheorie werfen. Aber vergiss nicht, bei Farbe gibt es kein Richtig oder Falsch. Es geht nur darum, was dir gefällt oder nicht.

Wie man die Anleitungen und Häkelschriften liest

Lass uns einen Blick auf die Angaben bei den Anleitungen werfen.

Informationen zur Anleitung

Symbole

Schwierigkeitsgrad – 1 Knäuel mit Nadel bedeutet leicht, 2 mittel und 3 schwieriger

ca. 37 m

Garnmenge – die erforderliche Menge für ein Quadrat, wenn mit Garn mit einer Lauflänge von 120 g/50 m und einer Häkelnadel in der Stärke 4 mm gearbeitet wird

Fortsetzung – dieses Symbol bedeutet, dass das Muster endlos wiederholt werden kann, wobei man die Maschenzahl in jeder Runde erweitern muss, damit das Quadrat so groß wird wie gewünscht. Bei der jeweiligen Anleitung werden Hinweise zur Erweiterung gegeben.

Hinweise / besondere Maschen / Tipps

Wenn bei einem Muster, einer bestimmten Masche oder Technik etwas Besonderes zu beachten ist, wird das oben auf der Seite erklärt.

Geschriebene Anleitung

Hier folgt ein Auszug aus einer Anleitung:

1. Rd: 3 Lm (Anfangs-Lm), 2 Stb, *2 Lm, 3 Stb*, von * bis * 2 x wdh, 1 Lm, mit 1 fM mit der 3. Anfangs-Lm verbinden. {12 M, 4 2-Lm-Zwr}

2. Rd: fM auf die Verbindungs-fM, *fM in die nächsten 3 M**, (fM, 2 Lm, fM) in die 2-Lm-Zwr*, von * bis * 2 x wdh und von * bis ** 1 x wdh, fM in denselben Zwr wie die 1. M, 1 Lm, mit fM an die 1. M verbinden. {5 M auf jeder Seite; je 1 2-Lm-Zwr in den Ecken}

3. Rd: 3 Lm (Anfangs-Lm), Stb auf die Verbindungs-fM, *2 x [Stb in die nächste M, 1 Lm, 1 M überspringen], Stb in die nächste M**, (2 Stb, 2 Lm, 2 Stb)*, von * bis * 2 x wdh und von * bis ** 1 x wdh, 2 Stb in denselben Zwr wie die ersten M, 1 Lm, mit fM bis zur 3. Lm der Anfangs-Lm verbinden. {7 M, 2 1-Lm-Zwr auf jeder Seite; je 1 2-Lm-Zwr in den Ecken}

Am Anfang erkläre ich den Beginn einer Runde, dann kommt ein Sternchen. Dieses einfache Sternchen zeigt eine Wiederholungssequenz an. Ignoriere es und folge der Anleitung bis „von * bis * ... wdh". Das ist das Stichwort, zum ersten einfachen Sternchen zurückzugehen und die Maschen dahinter, wie angegeben, zu wiederholen. Wenn die Wiederholungen gehäkelt sind, erkläre ich, wie die Runde beendet wird.

Die Anweisungen zwischen einem einzelnen und doppelten Sternchen gelten für eine Seite. Die Anweisungen zwischen einem doppelten und einfachen Sternchen gelten für eine Ecke. Das bedeutet, dass die Anweisungen zwischen dem ersten und letzten einfachen Sternchen für eine Seite und die darauffolgende Ecke gelten. Das gilt für ein quadratisches Muster, funktioniert aber auch für Abschnitte von Mustern, die mit anderen Formen beginnen.

In diesen Fällen handelt es sich bei den Anweisungen zwischen den einzelnen Sternchen um eine vollständige Musterwiederholung und bei denen zwischen dem einzelnen und doppelten Sternchen um eine teilweise Wiederholung.

Klammern

(xxxxx) sind Maschen und/oder Lm-Zwischenräume, die wie angegeben in eine Masche oder Zwischenraum gehäkelt werden oder um eine Folge von Maschen und/oder Lm-Zwischenräumen, die übersprungen werden.

[xxxx] sind eine kurze Folge von Maschen und/oder Lm-Zwischenräumen, die innerhalb eines zu wiederholenden Musters wiederholt werden. Vor diesen Klammern steht eine Zahl und ein x, um anzugeben, wie oft diese kleine Wiederholung gehäkelt werden soll. Z. B. 2 x [xxxxxx] bedeutet, die [Maschen und/oder Lm-Zwischenräume] zweimal arbeiten.

{xxxx} enthalten die Maschenzahl jeder Runde. Dort wird angegeben, wie viele Maschen zwischen jeder Seite zwischen den Ecken gehäkelt werden und erläutert die Ecken.

Wenn das Muster anfangs keine Ecken hat, dann steht dort die gesamte Maschenzahl der Runde.

Man sollte ab und zu die Maschen nachzählen, vor allem wenn ein Kreis in ein Quadrat übergeht. Es ist wichtig, die richtige Anzahl an Maschen zu haben, sonst funktioniert es nicht.

Hinweis: Wenn am Reihenbeginn eine Anzahl von Luftmaschen ohne den Zusatz (Anfangs-Lm) steht, dann werden sie bei der gesamten Maschenzahl nicht mitgezählt. Dies sind keine Anfangs-Luftmaschen, sondern eine Hilfe, damit die Häkelnadel an der richtigen Stelle herauskommt, wenn man eine Runde beginnt, und der Übergang am Ende nicht sichtbar ist. Kettmaschen zum Verbinden von Runden werden ebenfalls nicht bei der Gesamtzahl mitgezählt. Wenn sie jedoch in einer Musterfolge vorkommen, zählen Kettmaschen mit.

Häkelschriften

Häkelschriften sind Visualisierungen der geschriebenen Anleitungen. Dabei gibt es für jede Masche ein Symbol. Die Erklärung findest du im Glossar am Ende des Buches.

Manchmal ist es am besten, mit der Häkelschrift zu arbeiten und die geschriebene Anleitung als Ergänzung zu nehmen, vor allem wenn Maschen in vorhergehende Runden oder hinter andere Maschen gearbeitet werden, weil es schwierig ist, in den Häkelschriften mehrere Lagen zu zeigen. Umgekehrt gibt es Situationen, in denen eine geschriebene Anleitung mit der Häkelschrift besser zu verstehen ist.

Weitere Hinweise zu den geschriebenen Anleitungen

Wenn Maschen oder Lm-Zwr übersprungen werden sollen, wird das in der Anleitung eigens erwähnt, z.B. „die nächsten 2 M überspringen" oder „(3 M und 2-Lm-Zwr) überspringen".

Wenn man in anderen Runden als zuvor häkeln soll, wird das mit „# Rd" angegeben. Wenn keine Runde angeführt wird, beziehen sich die Angaben nur auf die vorige. Es kommt auch vor, dass man in einer einzigen Runde in mehr als eine vorige Runde häkeln muss.

Tipps zum Ausarbeiten

Damit deine Häkelprojekte am Ende richtig schön aussehen, erhältst du ein paar Tipps von mir, außerdem einige Möglichkeiten, wie du die Quadrate verbinden und deine Projekte einfassen kannst.

Spannen

Damit deine Quadrate richtig zur Geltung kommen, sollten sie unbedingt gespannt werden. Das gilt vor allem für solche mit Lochmuster, weil dadurch der durch die Maschen erzeugte Negativraum gut sichtbar wird. Man kann damit auch geringe Größenunterschiede ausgleichen, falls ein Quadrat ein wenig kleiner geworden ist. Wenn die Quadrate verbunden werden, werden sie auch noch einmal gedehnt, aber zuerst empfehle ich, sie zu spannen.

Dies sind die bekanntesten Methoden:

Dämpfen

Stecke das Quadrat auf eine Schaumstoff- oder Spannmatte, halte ein heißes Bügeleisen darüber und gibt Dampfstöße damit ab. Lass die Arbeit dann trocknen.

Nass spannen

Wasche dein Quadrat vorsichtig und beachte dabei die Pflegeanleitung für das Garn, stecke es dann auf eine Schaumstoff- oder Spannmatte und lass es trocknen.

Verbinden

Es gibt viele Methoden, um Häkelteile aneinanderzufügen. Das Internet ist voll mit tollen Beispielen. Die Wahl deiner Methode hat Einfluss auf das Endergebnis. Ich habe mich in diesem Buch für die folgenden drei Methoden entschieden.

Feste Maschen auf der Rückseite

Diese Verbindung eignet sich perfekt für Quadrate in derselben Farbe, oder wenn deren letzte Runden in derselben Farbe gehäkelt wurden. Vorne sieht es schön flach aus, hinten entsteht eine Kante, die man aber nicht wahrnimmt.

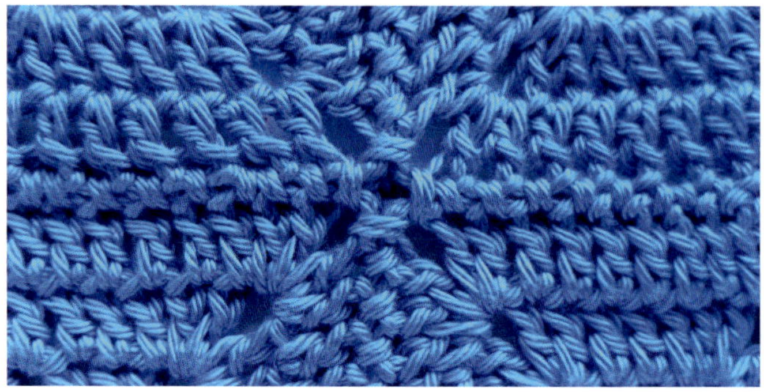

Die Quadrate rechts auf rechts aufeinanderlegen, beide 2-Lm-Zwr an den Ecken mit einer Anfangsschlaufe und einer festen Masche verbinden. Dann weiter jeweils eine feste Masche durch beide Schlaufen beider Quadrate arbeiten und am Ende wieder eine feste Masche in beide 2-Lm-Zwr an den Ecken. Abmaschen.

Die Quadrate zu Streifen verbinden, dann die Streifen aneinanderhäkeln, aber an den 2-Lm-Zwr in den Ecken jeweils eine Masche häkeln und die Verbindung ignorieren. So entsteht auf der Vorderseite der Arbeit an den 2-Lm-Zwr der Ecken ein sauberes Quadrat.

Etwas einfacher geht es, wenn du die Quadrate nach und nach zu Streifen zusammenfügst und dabei dieselbe Farbe wie für die Ränder der Quadrate nimmst und du ihre Anordnung kennst. Das geht so:

Ein Quadrat ganz normal fertigstellen.

Die folgenden Quadrate mit 1 Lm beenden und zum Verbinden der Runden eine feste Masche in die erste Masche oder Anfangs-Luftmasche häkeln. Dieses und das fertige Quadrat rechts auf rechts aufeinanderlegen, eine feste Masche zugleich in diese feste Masche und den 2-Lm-Zwr der Ecke des ersten Quadrats häkeln, dann weiter feste Maschen in alle Maschen beider Quadrate und an den Ecken eine feste Masche in den 2-Lm-Zwr beider Quadrate.

Abmaschen. So fortfahren, bis dein Streifen die gewünschte Länge hat. Einen zweiten und alle weiteren Streifen kannst du, wie beschrieben, anfügen.

Feste Maschen auf der Vorderseite

Für eine sichtbare, dekorative Verbindung kannst du die Kante auf der Vorderseite arbeiten. Diese Methode eignet sich gut, wenn man Quadrate verschiedener Farben zusammenfügen möchte. Möchtest du einen auffälligen, rahmenden Effekt erzielen, verwende dafür ein Garn mit starkem Farbkontrast.

Lege dafür die Quadrate links auf links aufeinander, befestige den Faden mit einer Anfangsschlaufe und einer festen Masche durch beide 2-Lm-Zwr in den Ecken. Arbeite dann mit festen Maschen durch beide Schlaufen beider Quadrate, auch in den 2-Lm-Zwr in den Ecken. Zum Schluss keine Verbindungsmaschen häkeln, sondern die beiden nächsten Quadrate zusammenfügen und fortfahren, bis alle Quadrate in der Breite verbunden sind. Dann diese in der anderen Richtung verbinden. Auf diese Weise entstehen in den Verbindungslinien auf der Vorderseite keine Brüche.

Beachte, dass diese Verbindung sichtbar ist und arbeite senkrecht und dann waagerecht in dieselbe Richtung, denn diese Linie tendiert leicht zu einer Seite. So wird die Verbindung schön gleichmäßig.

Reißverschluss

Diese Art der Verbindung eignet sich gut für Quadrate in verschiedenen Farben.

Dafür zwei Quadrate mit der rechten Seite nach oben nebeneinanderlegen. Mit den Luftmaschen beginnen und von unten nach oben Kettmaschen nur durch die hinteren Maschenglieder beider Quadrate auf der Vorderseite häkeln, mit den Luftmaschen enden. Abmaschen.

Ein Wort zum Maschenzählen

Bei den meisten der fünfzig Anleitungen in diesem Buch beträgt die abschließende Anzahl auf den Seiten 21 oder 23 Maschen. Bei den anderen liegt sie zwischen 20 und 27 Maschen. Es ist leicht, mit diesen Unterschieden umzugehen, wenn du die hier erklärten Verbindungsmöglichkeiten nutzt.

Wenn die Maschenzahl variiert, arbeite einfach zweimal in eine Masche auf der kürzeren Seite und fahre auf der längeren Seite mit einer neuen Masche fort. Das kann man so oft wie nötig wiederholen. Verteile die doppelten Maschen ein wenig, damit sie nicht alle nebeneinanderliegen. Wenn du zum Beispiel ein Quadrat mit 23 Maschen mit einem mit 21 Maschen verbinden möchtest, musst du auf der kürzeren Seite zweimal eine Masche doppelt häkeln. Mache das einmal ein paar Maschen nach dem Beginn und dann wieder kurz vor Ende der Verbindung. Wenn du ein Quadrat mit 23 Maschen mit einem mit 27 Maschen verbinden möchtest, musst du viermal eine Masche doppelt häkeln. Verteile diese vier doppelten Maschen gleichmäßig über die Seite.

Einfassung

Wenn du deine Quadrate verbunden hast, fehlt für einen schönen Abschluss noch eine Einfassung. Es gibt ganze Bücher, die sich mit verschiedenen Möglichkeiten für die Randeinfassung beschäftigen. Du kannst dich austoben und ausgefallene Ränder häkeln oder es einfach halten. Wenn du deine Arbeit nur einfassen willst, reicht ein gerader Rand. Einen solchen habe ich für meine Decken angefertigt.

Einfaches Randmuster

1. Rd

Garn in der Hauptfarbe mit AS und fM in einem 2-Lm-Zwr einer Ecke anbringen, *fM in jede M auf der Seite, fM in jeden 2-Lm-Zwr und Verb** (fM, 2 Lm, fM) in 2 Lm-Zwr der Ecke*, von * bis * 2 x wdh und von * bis ** 1 x wdh, fM in denselben Zwr wie die 1. fM, 1 Lm, mit 1 fM an die 1. M verbinden.

2. Rd

fM auf die Verbindungs-fM, *fM in jede M auf der Seite**, (fM, 2 Lm, fM) in 2 Lm-Zwr der Ecke*, von * bis * 2 x wdh und von * bis ** 1 x wdh, fM in denselben Zwr wie die 1. M, 1 Lm, mit 1 fM an die 1. M verbinden.

3. Rd

3 Lm (Anfangs-Lm), *Stb in jede M auf der Seite**, (Stb, 2 Lm, Stb) in 2-Lm-Zwr der Ecke*, von * bis * 2 x wdh und von * bis ** 1 x wdh, Stb in denselben Zwr wie die 1. M, 1 Lm, mit 1 fM an die 3. Lm der Anfangs-Lm verbinden.

4. Rd

fM auf die Verbindungs-fM, *fM in jede M auf der Seite**, (fM, 2 Lm, fM) in 2-Lm-Zwr der Ecke*, von * bis * 2 x wdh und von * bis ** 1 x wdh, fM in denselben Zwr wie die 1. M, 1 Lm, mit 1 fM an die 1. M verbinden.

5. Rd

fM auf die Verbindungs-fM, *fM in jede M auf der Seite**, (fM, 2 Lm, fM) in 2-Lm-Zwr der Ecke*, von * bis * 2 x wdh und von * bis ** 1 x wdh, fM in denselben Zwr wie die 1. M, 2 Lm, mit 1 Km an die 1. M verbinden. Abmaschen.

Für den Schal Dahlia wurde das Dahlia-Muster auf Seite 36 gehäkelt sowie eine Einfassung aus einer Runde fM und einer Runde Stb. Für dieses Projekt siehe Seite 89.

Muster

Deco: Seite 22

Camellia: Seite 23

Salish: Seite 24

Happy Hexie: Seite 26

Ianthe: Seite 27

Arafura: Seite 28

Crop Circles: Seite 29

Rosette: Seite 30

Clover: Seite 31

Berry Flower: Seite 32

Fhool: Seite 34

Corona: Seite 35

Dahlia: Seite 36

Sharing: Seite 37

Cirque: Seite 38

Florence: Seite 39

Anemone: Seite 40

Framed: Seite 42

Granny Flower: Seite 43

D'Urville: Seite 44

Killarney: Seite 46

Ollie: Seite 47

Iron Lace: Seite 48

Solomon: Seite 50

Valentina: Seite 51

Kruis: Seite 52

Bulaklak: Seite 54

Quion: Seite 56

Louloudia: Seite 57

Narrawong: Seite 58

Spike: Seite 59

Melbourne: Seite 60

Zahra: Seite 61

Lazarev: Seite 62

Radius: Seite 63

Bismarck: Seite 64

Bloem: Seite 66

Posy: Seite 67

Bellinghausen: Seite 68

Bobbled: Seite 70

Sibuyan: Seite 72

Amaryllis: Seite 73

Vanes: Seite 74

Chicane: Seite 75

Pinkie: Seite 76

Mozambik: Seite 77

Cogs: Seite 78

Sol: Seite 79

Banda: Seite 80

Traverse: Seite 82

Deco

etwa 35 m

Mit MR beginnen.

1. Rd: 4 Lm (Anfangs-Lm), 15 DStb, mit 1 Km an der 4. Lm die Anfangs-Lm verbinden. {16 M}

2. Rd: 4 Lm (Anfangs-Lm), DStb in diesebe M wie Km, 2 DStb in die nächsten 15 M, mit 1 Km an die 4. Lm der Anfangs-Lm verbinden. {32 M}

3. Rd: 4 Lm (Anfangs-Lm), DStb in dieselbe M wie Km, *Dstb in die nächste M**, 2 DStb in die nächste M*, von * bis * 14 x wdh und von * bis ** 1 x wdh, mit Km an die 4. Lm der Anfangs-Lm verbinden. {48 M}

4. Rd: 4 Lm (Anfangs-Lm), DStb in dieselbe M wie Km, *DStb in die nächsten 2 M**, 2 DStb in die nächste M*, von * bis * 14 x wdh und von * bis ** 1 x wdh, mit Km an die 4. Lm der Anfangs-Lm verbinden. {64 M}

5. Rd: 4 Lm (Anfangs-Lm), Stb in dieselbe M wie Km, *hRStb um die nächste M, hRhStb um die nächste M, hRfM um die nächsten 11 M, hRhSb um die nächste M, hRfM um die nächste M** (Stb, DStb, 2 Lm, DStb, Stb) in nächste M*, von * bis * 2 x wdh und von * bis ** 1 x wdh (Stb, DStb) in dieselbe M wie die ersten M, 1 Lm, mit fM an die 4. Lm der Anfangs-Lm verbinden. {19 M auf jeder Seite; je 1 2-Lm-Zwr in den Ecken}

6. Rd: fM auf die Verbindungs-fM, *fM in die nächsten 19 M**, (fM, 2 Lm, fM) in 2-Lm-Zwr*, von * bis * 2 x wdh und von * bis ** 1 x wdh, fM in denselben Zwr wie die erste M, 2 Lm, mit Km an die 1. M verbinden. Abmaschen. {21 M auf jeder Seite; je 1 2-Lm-Zwr in den Ecken}

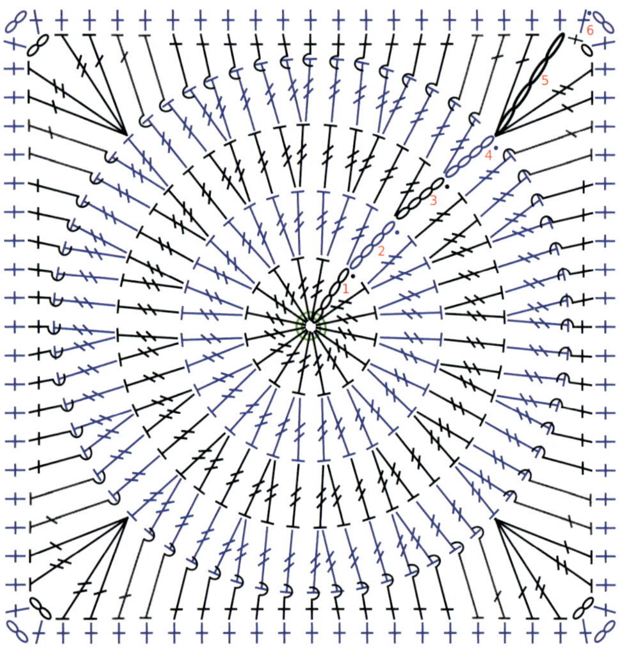

Cascade Ultra Pima
1–2 Turquoise 3733
3–4 Aqua 3732
5 Ice 3736
6 Natural 3718

Dedris Deco
Scheepjes Catona,
100 % Baumwolle, LL 125 m/50 g
1 Yellow 208
2 Powder Pink 238
3 Tulip Pink 222
4 Dark Pink 114
5–6 Green Yellow 245
www.lookatwhatimade.net

Bendigo Woollen Mills
100 % Baumwolle,
LL 485 m/200 g
1–4 Glacier 818
5–6 Storm Cloud 827

Camellia

etwa 43 m

Das Garn mit einer Anfangsschlaufe an der Nadel befestigen, 1 Lm, die M der 1. Rd in den 1-Lm-Zwr häkeln.

1. Rd: 3 Lm (Anfangs-Lm), *1 Lm, Stb*, von * bis * 6 x wdh, mit fM an die 3. Lm der Anfangs-Lm verbinden. {8 M, 8 1-Lm-Zwr}

2. Rd: fM auf die Verbindungs-fM, *(hStb, Stb, hStb) in die nächste M**, fM in 1 Lm-Zwr*, von * bis * 6 x wdh und von * bis ** 1 x wdh, mit Km an die 1. M verbinden. {32 M}

3. Rd: *tfM in 1-Lm-Zwr der 1. Rd**, 3 Lm, 3 M überspringen*, von * bis * 6 x wdh und von * bis ** 1 x wdh, 1 Lm, mit hStb an die 1. M verbinden. {8 M, 8 3-Lm-Zwr}

4. Rd: fM auf das Verbindungs-hStb, *(hStb, 2 Stb, hStb) in die nächste M**, fM in 3-Lm-Zwr*, von * bis * 6 x wdh und von * bis ** 1 x wdh, mit Km an die 1. M verbinden. {40 M}

5. Rd: *tfM in 3-Lm-Zwr der 3. Rd**, 4 Lm, 4 M überspringen*, von * bis * 6 x wdh und von * bis ** 1 x wdh, 1 Lm, mit Stb an die 1. M verbinden. {8 M, 8 4-Lm-Zwr}

6. Rd: fM auf das Verbindungs-Stb, *(hStb, 3 Stb, hStb) in die nächste M**, fM in 4-Lm-Zwr*, von * bis * 6 x wdh und von * bis ** 1 x wdh, mit Km an die 1. M verbinden. {48 M}

7. Rd: *tfM in 4-Lm-Zwr der 5. Rd**, 5 Lm, 5 M überspringen*, von * bis * 6 x wdh und von * bis ** 1 x wdh, 2 Lm, mit Stb an die 1. M verbinden. {8 M, 8 5-Lm-Zwr}

8. Rd: fM auf das Verbindungs-Stb, *(hStb, 4 Stb, hStb) in die nächste M**, fM in 5-Lm-Zwr*, von * bis * 6 x wdh und von * bis ** 1 x wdh, mit Km an die 1. M verbinden. {56 M}

9. Rd: *tfM in 5-Lm-Zwr der 7. Rd, 6 Lm, 6 M überspringen*, von * bis * 7 x wdh, mit Km an die 1. M verbinden. {8 M, 8 6-Lm-Zwr}

10. Rd: 4 Lm (Anfangs-Lm), DStb in dieselbe M wie Km, *(2 hDStb, 2 Stb, 2 hSb, fM) in 6 Lm-Zwr, fM in die nächste M, (fM, 2 hStb, 2 Stb, 2 hDStb) in 6-Lm-Zwr**, 3 DStb in die nächste M*, von * bis * 2 x wdh und von * bis ** 1 x wdh, DStb in denselben Zwr wie die ersten M, mit Km an die 4. Lm der Anfangs-Lm verbinden. {15 M auf jeder Seite; je 3 M in den Ecken}

11. Rd: 3 Lm (Anfangs-Lm), *2 x [Stb in die nächste M, hStb in die nächsten 2 M, fM in die nächsten 3 M, hStb in die nächsten 2 M], Stb in die nächste M**, (Stb, 2 Lm, Stb) in die nächste M*, von * bis * 2 x wdh und von * bis ** 1 x wdh, Stb in denselben Zwr wie die 1. M, 1 Lm, mit fM an die 3. Lm der Anfangs-Lm verbinden. {19 M auf jeder Seite; je 1 2-Lm-Zwr in den Ecken}

12. Rd: fM auf die Verbindungs-fM, *fM in die nächsten 19 M**, (fM, 2 Lm, fM) in die nächste M*, von * bis * 2 x wdh und von * bis ** 1 x wdh, fM in denselben Zwr wie die 1. M, 1 Lm, mit fM an die 1. M verbinden. {21 M auf jeder Seite; je 1 2-Lm-Zwr in den Ecken}

13. Rd: fM auf die Verbindungs-fM, *fM in die nächsten 21 M**, (fM, 2 Lm, fM) in die nächste M*, von * bis * 2 x wdh und von * bis ** 1 x wdh, fM in denselben Zwr wie die 1. M, 2 Lm, mit Km an die 1. M verbinden. Abmaschen. {23 M auf jeder Seite; je 1 2-Lm-Zwr in den Ecken}

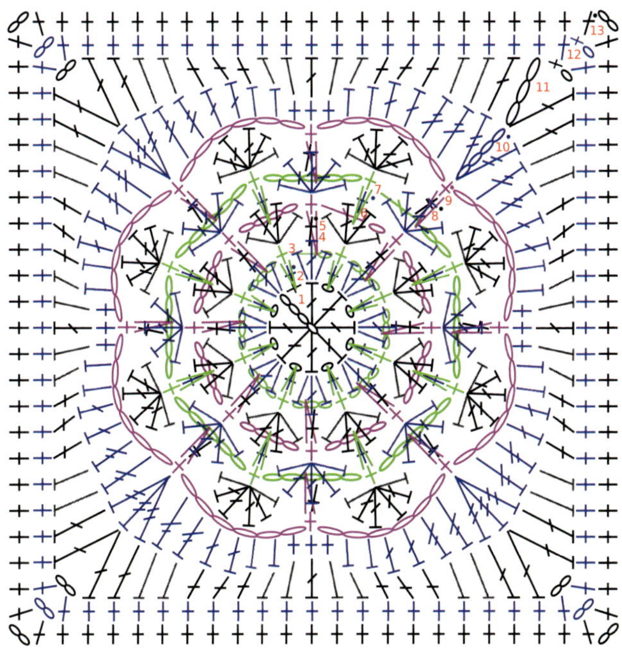

Bendigo Woollen Mills
100 % Baumwolle,
LL 485 m/200 g
1 Daffodil 806
2 Pink Rose 805
3–4 Blush 811
5–6 Pomegranate 819
7–9 Kiwi 809
10–13 French Navy 814

Cascade Ultra Pima
1–4 Turquoise 3733
5–8 Aqua 3732
9–10 Ice 3736
11–13 Natural 3718

Salish

etwa 37 m

Das Garn mit einer Anfangsschlaufe an der Nadel befestigen, 1 Lm, die M der 1. Rd in den 1-Lm-Zwr häkeln.

1. Rd: 3 Lm (Anfangs-Lm), 2 Stb, *2 Lm, 3 Stb,*, von * bis * 2 x wdh, 1 Lm, mit fM an die 3. Lm der Anfangs-Lm verbinden. {3 M auf jeder Seite; 4 2-Lm-Zwr}

2. Rd: 3 Lm (Anfangs-Lm), *1 Lm, 1 M überspringen, Stb in die nächste M, 1 Lm, 1 M überspringen**, (Stb, 2 Lm, Stb) in 2-Lm- Zwr*, von * bis * 2 x wdh und von * bis ** 1 x wdh, fM in denselben Zwr wie die 1. M, 1 Lm, mit fM an die 3. Lm der Anfangs-Lm verbinden. {3 M, 2 1-Lm-Zwr auf jeder Seite; je 1 2-Lm-Zwr in den Ecken}

3. Rd: fM auf die Verbindungs-fM, **2 x [fM in die nächste M, tfM in die übersprungene M der 1. Rd], fM in die nächste M**, (fM, 2 Lm, fM) in 2-Lm-Zwr* von * bis * 2 x wdh und von * bis ** 1 x wdh, fM in denselben Zwr wie die 1. M, 1 Lm, mit fM an die 1. M verbinden. {7 M auf jeder Seite; je 1 2-Lm-Zwr in den Ecken}

4. Rd: fM auf die Verbindungs-fM, *fM in die nächsten 7 M**, (fM, 2 Lm, fM) in 2-Lm-Zwr*, von * bis * 2 x wdh und von * bis ** 1 x wdh, fM in denselben Zwr wie die 1. M, 1 Lm, mit fM an die 1. M verbinden. {9 M auf jeder Seite; je 1 2-Lm-Zwr in den Ecken}

5. Rd: 3 Lm (Anfangs-Lm), *4 x [1 Lm, 1 M überspringen, Stb in die nächste M], 1 Lm, 1 M überspringen**, (Stb, 2 Lm, Stb) in 2-Lm-Zwr*, von * bis * 2 x wdh und von * bis ** 1 x wdh, fM in denselben Zwr wie die 1. M, 1 Lm, mit fM an die 3. Lm der Anfangs-Lm verbinden. {6 M, 5 1-Lm-Zwr auf jeder Seite; je 1 2-Lm-Zwr in den Ecken}

6. Rd: fM auf die Verbindungs-fM, *5 x [fM in die nächste M, tfM in die übersprungene M der 4. Rd], fM in die nächste M**, (fM, 2 Lm, fM) in 2-Lm-Zwr*, von * bis * 2 x wdh und von * bis ** 1 x wdh, fM in denselben Zwr wie die 1. M, 1 Lm, mit fM an die 1. M verbinden. {13 M auf jeder Seite; je 1 2-Lm-Zwr in den Ecken}

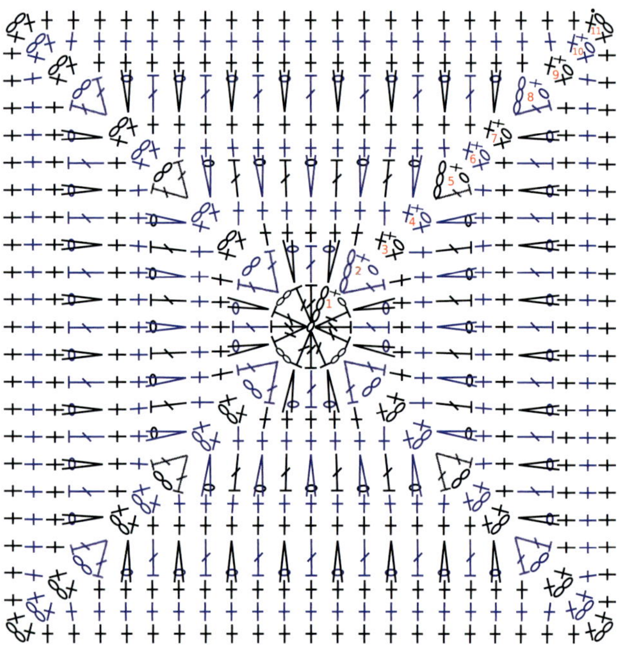

7. Rd: fM auf die Verbindungs-fM, *fM in die nächsten 13 M**, (fM, 2 Lm, fM) in 2-Lm-Zwr*, von * bis * 2 x wdh und von * bis ** 1 x wdh, fM in denselben Zwr wie die 1. M, 1 Lm, mit fM an die 1. M verbinden. {15 M auf jeder Seite; je 1 2-Lm-Zwr in den Ecken}

8. Rd: 3 Lm (Anfangs-Lm), *7 x [1 Lm, 1 M überspringen, Stb in die nächste M], 1 Lm, 1 M überspringen**, (Stb, 2 Lm, Stb) in 2-Lm-Zwr*, von * bis * 2 x wdh und von * bis ** 1 x wdh, Stb in denselben Zwr wie die 1. M, 1 Lm, mit fM an die 3. Lm der Anfangs-Lm verbinden. {9 M, 8 1-Lm-Zwr auf jeder Seite; je 1 2-Lm-Zwr in den Ecken}

9. Rd: fM auf die Verbindungs-fM, *8 x [fM in die nächste M, tfM in die übersprungene M der 7. Rd], fM in die nächste M**, (fM, 2 Lm, fM) in 2-Lm-Zwr*, von * bis * 2 x wdh und von * bis ** 1 x wdh, fM in denselben Zwr wie die 1. M, 1 Lm, mit fM an die 1. M verbinden. {19 M auf jeder Seite; 4 2-Lm-Zwr in den Ecken}

10. Rd: fM auf die Verbindungs-fM, *fM in die nächsten 19 M**, (fM, 2 Lm, fM) in 2-Lm-Zwr*, von * bis * 2 x wdh und von * bis ** 1 x wdh, fM in denselben Zwr wie die 1. M, 1 Lm, mit fM an die 1. M verbinden. {21 M auf jeder Seite; 4 2-Lm-Zwr in den Ecken}

11. Rd: fM auf die Verbindungs-fM, *fM in die nächsten 21 M**, (fM, 2 Lm, fM) in die nächste M*, von * bis * 2 x wdh und von * bis ** 1 x wdh, fM in denselben Zwr wie die 1. M, 2 Lm, mit Km an die 1. M verbinden. Abmaschen. {23 M auf jeder Seite; 4 2-Lm-Zwr in den Ecken}

Erweitern

Die 8., 9. und 10. Rd so oft wie nötig wdh, dabei die Maschenzahl wie folgt erhöhen:

8. Rd: „#+3 x [1 Lm, 1 überspringen ..." {# + 3 M, # + 3 1-Lm-Zwr ...}

9. Rd: „#+3 x [fM in die nächste M ...der #. Rd+3 ..." {# + 6 M ...}

10. Rd: „fm in die nächsten # + 6 M ..." {# + 6 M ...}

Bendigo Woollen Mills
100 % Baumwolle,
LL 485 m/200 g
1–2, 5 und 8 Blue Ice Crush
3, 6 und 9 Blueberry Crush
4, 7 und 10–11 Parchment

Paintbox
100 % Baumwolle,
LL 125 m/50 g
1–2 und 6–8 Banana Cream 421
3–5 ud 9–11 Soft Fudge 410

Cascade Ultra Pima
1–2 Turquoise 3733
3–5 Aqua 3732
6–8 Ice 3736
9–11 Natural 3718

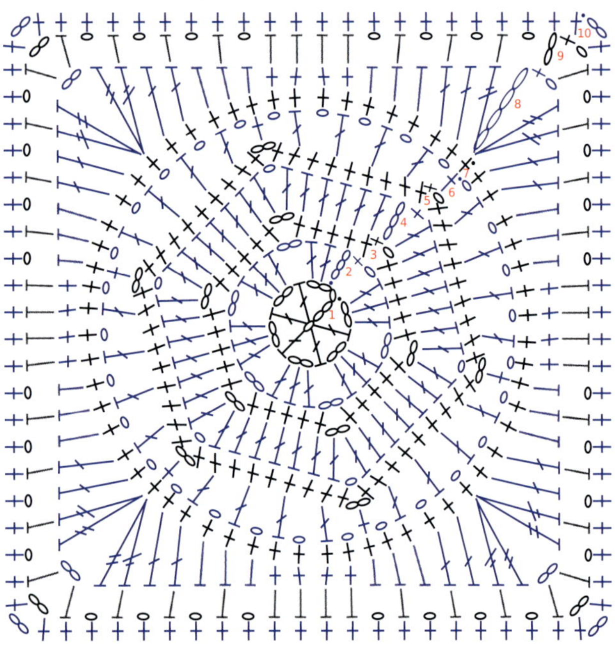

Happy Hexie

etwa 35 m

Das Garn mit einer Anfangsschlaufe an der Nadel befestigen, 1 Lm, die M der 1. Rd in den 1-Lm-Zwr häkeln.

1. Rd: 3 Lm (Anfangs-Lm), *2 Lm**, Stb*, von * bis * 4 x wdh und von * bis ** 1 x wdh, mit Km an die 3. Lm der Anfangs-Lm verbinden. {6 M, 6 2-Lm-Zwr}

2. Rd: Km in 2-Lm-Zwr, 3 Lm (Anfangs-Lm), 2 Stb in denselben 2 Lm-Zwr, *2 Lm, 1 M überspringen**, 3 Stb in 2-Lm-Zwr*, von * bis * 4 x wdh und von * bis ** 1 x wdh, 1 Lm, mit fM an die 3. Lm der Anfangs-Lm verbinden. {3 M auf jeder Seite; 6 2-Lm-Zwr in den Ecken}

3. Rd: fM auf die Verbindungs-fM, *fM in die nächsten 3 M**, (fM, 2 Lm, fM) in 2-Lm-Zwr*, von * bis * 4 x wdh und von * bis ** 1 x wdh, fM in denselben Zwr wie die 1. M, 1 Lm, mit fM an die 1. M verbinden. {5 M auf jeder Seite; 6 2-Lm-Zwr in den Ecken}

4. Rd: 3 Lm (Anfangs-Lm), *Stb in die nächsten 5 M**, (Stb, 1 Lm, Stb) in 2-Lm-Zwr*, von * bis * 4 x wdh und von * bis ** 1 x wdh, Stb in denselben Zwr wie die 1. M, mit fM an die 3. Lm der Anfangs-Lm verbinden. {7 M auf jeder Seite; 6 1-Lm-Zwr in den Ecken}

5. Rd: fM auf die Verbindungs-fM, *fM in die nächsten 7 M**, (fM, 2 Lm, fM) in 1-Lm- Zwr*, von * bis * 4 x wdh und von * bis ** 1 x wdh, fM in denselben Zwr wie die 1. M, 1 Lm, mit fM an die 1. M verbinden. {9 M auf jeder Seite; 6 2-Lm-Zwr in den Ecken}

6. Rd: fM auf die Verbindungs-fM, *4 x [1 Lm, 1 M überspringen, Stb in die nächste M], 1 Lm, 1 M überspringen**, fM in 2-Lm-Zwr*, von * bis * 4 x wdh und von * bis ** 1 x wdh, mit Km an die 1. M verbinden. {30 M, 30 1-Lm-Zwr}

7. Rd: fM in dieselbe M wie Km, *fM in 1 Lm-Zwr**, fM in die nächste M*, von * bis * 28 x wdh und von * bis ** 1 x wdh, mit Km an die M verbinden. {60 M}

8. Rd: 4 Lm (Anfangs-Lm), hDStb in dieselbe M wie Km, *Stb in die nächsten 2 M, hStb in die nächsten 3 M, fM in die nächsten 4 M, hStb in die nächsten 3 M, Stb in die nächsten 2 M**, (hDStb, DStb, 2 Lm, DStb, hDStb) in die nächste M*, von * bis * 2 x wdh und von * bis ** 1 x wdh, (hDStb, DStb) in dieselbe M wie die 1. M, 1 Lm, mit fM an die 4. Lm der Anfangs-Lm verbinden. {18 M auf jeder Seite; 4 2-Lm-Zwr in den Ecken}

9. Rd: 2 Lm (Anfangs-Lm), *3 x [1 Lm, 1 M überspringen, hStb in die nächste M], 1 Lm, 1 M überspringen, hStb in die nächsten 4 M, 3 x [1 Lm, 1 M überspringen, hStb in die nächste M], 1 Lm, 1 M überspringen**, (hStb, 2 Lm, hStb) in 2-Lm-Zwr*, von * bis * 2 x wdh und von * bis ** 1 x wdh, hStb in denselben Zwr wie die 1. M, 1 Lm, mit fM an die 2. Lm der Anfangs-Lm verbinden. {12 M, 8 1-Lm-Zwr auf jeder Seite; 4 2-Lm-Zwr in den Ecken}

10. Rd: fM auf die Verbindungs-fM, *4 x [fM in die nächste M, fM in 1-Lm-Zwr], fM in die nächsten 4 M, 4 x [fM in 1-Lm-Zwr, fM in die nächste M]**, (fM, 2 Lm, fM) in 2-Lm-Zwr*, von * bis * 2 x wdh und von * bis ** 1 x wdh, fM in denselben Zwr wie die 1. M, 2 Lm, mit Km an die 1. M verbinden. Abmaschen. {22 M auf jeder Seite; 4 2-Lm-Zwr in den Ecken}

Cascade Ultra Pima
1–3 Turquoise 3733
4–5 Aqua 3732
6–8 Ice 3736
9–10 Natural 3718

Tarndie
100 % Schafwolle, 192 m/100 g
1–5 White
6–7 Taupe
8–10 Dark

lanthe

etwa 41 m

Mit einem MR oder 4 Lm beginnen und die letzte Lm mit einer Km an die 1. M zu einem Ring verbinden.

1. Rd: 3 Lm (Anfangs-Lm), *2 Lm, 3-StbCl, 2 Lm**, Stb, 2 Lm, Stb*, von * bis * 2 x wdh und von * bis ** 1 x wdh, Stb, 1 Lm, mit fM an die 2. Lm (Anfangs-Lm) verbinden. {3 M, 2 2-Lm-Zwr auf jeder Seite; 4 2-Lm-Zwr in den Ecken}

2. Rd: 3 Lm (Anfangs-Lm), *Stb in die nächste M, Stb in 2-Lm-Zwr, vRStb um die nächste M, Stb in 2-Lm-Zwr, Stb in die nächste M**, (Stb, 2 Lm, Stb) in 2-Lm-Zwr*, von * bis * 2 x wdh und von * bis ** 1 x wdh, Stb in denselben Zwr wie die 1. M, 1 Lm, mit fM an die 3. Lm (Anfangs-Lm) verbinden. {7 M auf jeder Seite; 4 2-Lm-Zwr in den Ecken}

3. Rd: fM auf die Verbindungs-fM, *fM in die nächsten 3 M, vRStb um die nächste M, fM in die nächsten 3 M**, (fM, 2 Lm, fM) in 2 Lm-Zwr*, von * bis * 2 x wdh und von * bis ** 1 x wdh, fM in denselben Zwr wie die 1. M, 1 Lm, mit fM an die 1. M verbinden {9 M auf jeder Seite; 4 2-Lm-Zwr in den Ecken}

4. Rd: 3 Lm (Anfangs-Lm), *Stb in die nächsten 2 M, 3-StbCl, Stb in die nächste M, vRStb um die nächste M, Stb in die nächste M, 3-StbCl in die nächste M, Stb in die 2 nächsten M**, (Stb, 2 Lm, Stb) in 2 Lm-Zwr*, von * bis * 2 x wdh und von * bis ** 1 x wdh, Stb in denselben Zwr wie die 1. M, 1 Lm, mit fM in die 3. Lm der Anfangs-Lm verbinden. {11 auf jeder Seite; 4 2-Lm-Zwr in den Ecken}

5. Rd: 3 Lm (Anfangs-Lm), *Stb in die nächsten 3 M, 2 x [vRStb um die nächste M, Stb in die nächste M], vRStb um die nächste M, Stb in die nächsten 3 M**, (Stb, 2 Lm, Stb) in 2-Lm-Zwr*, von * bis * 2 x wdh und von * bis ** 1 x wdh, Stb in denselben Zwr wie die 1. M, 1 Lm, mit fM in die 3. Lm der Anfangs-Lm verbinden. {13 M auf jeder Seite; 4 2-Lm-Zwr in den Ecken}

6. Rd: fM auf die Verbindungs-fM, *fM in die nächsten 4 M, 2 x [vRStb um die nächste M, fM in die nächste M], vRStb um die nächste M, fM in die nächsten 4 M**, (fM, 2 Lm, fM) in 2-Lm-Zwr, von * bis * 2 x wdh und von * bis ** 1 x wdh, fM in denselben Zwr wie die 1. M, 1 Lm, mit fM an die 1. M verbinden {15 M auf jeder Seite; 4 2-Lm-Zwr in den Ecken}

7. Rd: 3 Lm (Anfangs-Lm), *Stb in die nächsten 3 M, 3-StbCl in die nächste M, 3 x [Stb in die nächste M, vRStb um die nächste M], Stb in die nächste M, 3-StbCl in die nächste M, Stb in die nächsten 3 M**, (Stb, 2 Lm, Stb) in 2-Lm-Zwr*, von * bis * 2 x wdh und von * bis ** 1 x wdh, Stb in denselben Zwr wie die 1. M, 1 Lm, mit fM an die 3. Lm der Anfangs-Lm verbinden. {17 M auf jeder Seite; 4 2-Lm-Zwr in den Ecken}

8. Rd: fM auf die Verbindungs-fM, *fM in die nächsten 4 M, 4 x [vRStb un die nächste M, fM in die nächste M], vRStb um die nächste M, fM in die nächsten 4 M**, (fM, 2 Lm, fM) in 2-Lm-Zwr*, von * bis *2 x wdh und von * bis ** 1 x wdh, fM in denselben Zwr wie die 1. M, 1 Lm, mit fM an die 1. M verbinden. {19 M auf jeder Seite; 4 2-Lm-Zwr in den Ecken}

9. Rd: fM auf die Verbindungs-fM, *fM in die nächsten 19 M**, (fM, 2 Lm, fM) in 2-Lm-Zwr*, von * bis * 2 x wdh und von * bis ** 1 x wdh, fM in denselben Zwr wie die 1. M, 2 Lm, mit Km an die 1. M verbinden. Abmaschen. {21 M auf jeder Seite; 4 2-Lm-Zwr in den Ecken}

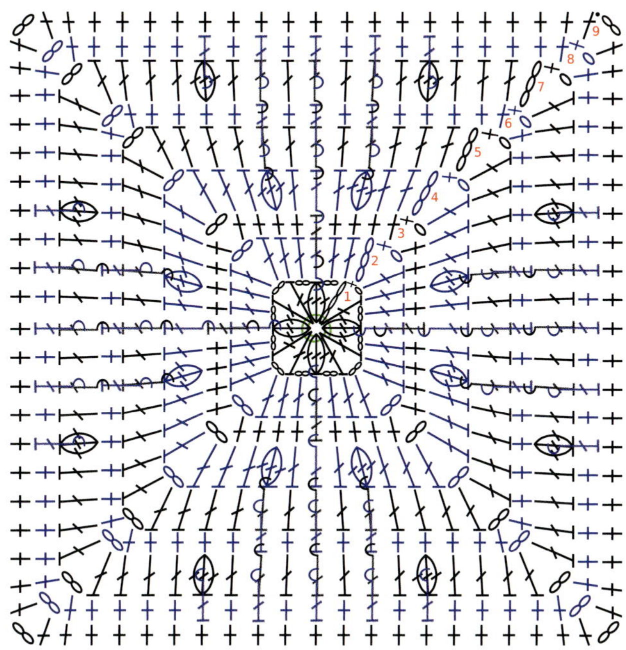

Bendigo Woollen Mills
100 % Baumwolle,
LL 485 m/200 g
1 und 5–7 Pink Rose 805
2–4 und 8–9 Kiwi 809

Cascade Ultra Pima
1–3 Turquoise 3733
4–6 Aqua 3732
7–8 Ice 3736
9 Natural 3718

Arafora

etwa 31 m

Mit einem MR oder 4 Lm beginnen und die letzte Lm mit einer Km an die 1. M zu einem Ring verbinden.

1. Rd: 3 Lm (Anfangs-Lm), 15 Stb, mit Km an die 3. Lm der Anfangs-Lm verbinden. {16 M}

2. Rd: 3 Lm (Anfangs-Lm), Stb in die vorige M, *Stb in die nächste M, Stb in die vorige M*, von * bis * 14 x wdh, mit Km in die 3. Lm der Anfangs-Lm verbinden. {32 M}

3. Rd: 4 Lm (Anfangs-Lm), DStb in die nächste M, *3 Lm, fM in die nächsten 4 M, 3 Lm**, DStb in die nächsten 4 M*, von * bis * 2 x wdh und von * bis ** 1 x wdh, DStb in die nächsten 2 M, mit Km in die 4. Lm der Anfangs-Lm verbinden. {32 M, 8 3-Lm-Zwr}

4. Rd: 4 Lm (Anfangs-Lm), DStb in die nächste M, *DStb in 3-Lm-Zwr, 4 Lm, fM in die nächsten 4 M, 4 Lm, DStb in 3 Lm-Zwr**, DStb in die nächsten 4 M*, von * bis * 2 x wdh und von * bis ** 1 x wdh, DStb in die nächsten 2 M, mit Km in die 4. Lm der Anfangs-Lm verbinden. {40 M, 8 4-Lm-Zwr}

5. Rd: fM in dieselbe M wie Km, fM in die nächsten 2 M, *3 Lm, 4-Lm-Zwr überspringen, DStb in hMg der nächsten 4 M, 3 Lm, 4-Lm-Zwr überspringen, fM in die nächsten 3 M**, 2 Lm, fM in die nächsten 3 M*, von * bis * 2 x wdh und von * bis ** 1 x wdh, 1 Lm, mit fM an die 1. M verbinden. {10 M, 2 3-Lm-Zwr auf jeder Seite; 4 2-Lm-Zwr in den Ecken}

6. Rd: 3 Lm (Anfangs-Lm), Stb auf die Verbindungs-fM, *Stb in hMg der nächsten 3 M, Stb in jede der nächsten 3 Lm, Stb in hMg der nächsten 4 M, Stb in jede der nächsten 3 Lm, Stb in hMg der nächsten 3 M**, (Stb, 2 Lm, 2 Stb) in 2-Lm-Zwr*, von * bis * 2 x wdh und von * bis ** 1 x wdh, 2 Stb in denselben Zwr wie die ersten M, 1 Lm, mit fM an die 3. Lm der Anfangs-Lm verbinden. {20 M auf jeder Seite; 4 2-Lm-Zwr in den Ecken}

7. Rd: fM auf die Verbindungs-fM, *fM in die nächsten 20 M**, (fM, 2 Lm, fM) in 2-Lm-Zwr*, von * bis * 2 x wdh und von * bis ** 1 x wdh, fM in denselben Zwr wie die 1. M, 2 Lm, mit Km an die 1. M verbinden. Abmaschen. {22 auf jeder Seite; 4 2-Lm-Zwr in den Ecken}

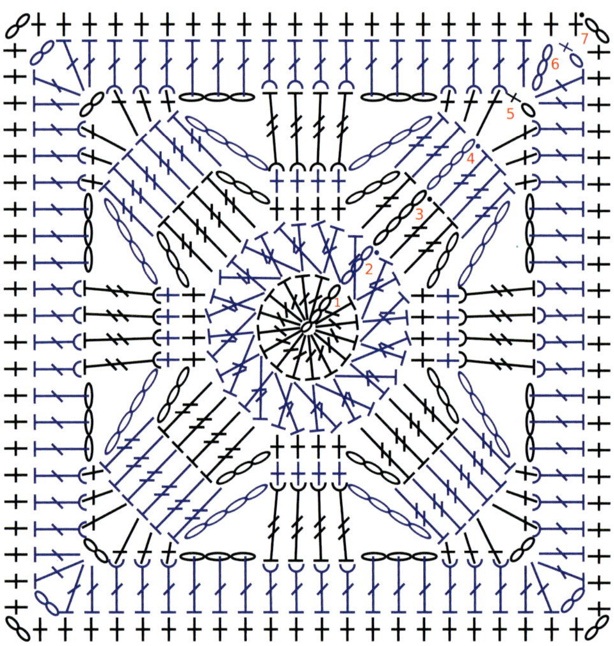

Cascade Ultra Pima
1–2 Turquoise 3733
3–4 Aqua 3732
5 Ice 3736
6–7 Natural 3718

Great Ocean Road Woollen Mill
1–4 Granite
5–7 Riverstone

Bendigo Woollen Mills
100 % Baumwolle,
LL 670 m/200 g
1–2, 5 und 7 Arctic 808
3–4 und 6 French Navy 814

Crop Circles

etwa 39 m

Für die Mitte 1 gr Kreis anfertigen.

Das Garn mit einer Anfangsschlaufe an der Nadel befestigen, 1 Lm, die M der 1. Rd in den 1-Lm-Zwr häkeln.

1. Rd: 3 Lm (Anfangs-Lm), 11 Stb, mit Km an die 3. Lm der Anfangs-Lm verbinden. {12 M}

2. Rd: 3 Lm (Anfangs-Lm), fM in dieselbe M wie Km, 2 Stb in jedes Stb, mit Km an die 3. Lm der Anfangs-Lm verbinden. {24 M}

3. Rd: 2 Lm (Anfangs-Lm), hStb in dieselbe M wie Km, *hStb in die nächste M**, 2 hStb in die nächste M*, von * bis * 10 x wdh und von * bis ** 1 x wdh, mit uns Verb in das 1. hStb verbinden. Abmaschen. {36 M}

4 kl Kreise anfertigen, dafür die 1. und 2. Rd wie oben wdh. Den Faden nicht abschneiden. 1 kl Kreis rechts auf rechts auf den gr Kreis legen und beide mit einer Km verbinden. Abmaschen und das Fadenende vernähen. Ebenso mit den übrigen 3 kl Kreisen verfahren, dabei jeweils 8 M zwischen den Verbindungs-Km auf dem gr Kreis überspringen.

4. Rd: Den Faden mit AS und fM an einem kl Kreis an hM der M gegenüber der Verbindungs-Km zum gr Kreis anbringen, dabei 11 M zwischen der Verbindungs-Km und Anfangs-fM lassen, *fM in hMg der nächsten 3 M, hStb in hMg der nächsten M, Stb in hMg der nächsten 5 M, (2 M auf dem kl Kreis, Verbindungs-Km und 3 M auf dem gr Kreis) überspringen, fM in hMg der nächsten 2 M auf dem gr Kreis, (3 M auf dem gr Kreis, Verbindungs-Km und 2 M auf dem kl Kreis) überspringen, Stb in hMg der nächsten 5 M, hStb in hMg der nächsten M, fM in hMg der nächsten 3 M**, (fM, 2 Lm, fM) in hMg der nächsten M*, von * bis * 2 x wdh und von * bis ** 1 x wdh, fM in hMg derselben M wie die 1. M, 1 Lm, mit fM an die 1. M verbinden. {22 M auf jeder Seite; 4 2-Lm-Zwr in den Ecken}

5. Rd: fM auf Verbindungs-fM, *fM in die nächsten 3 M, hStb in die nächsten 3 M, Stb in die nächste M, hDStb in die nächste M, DStb in die nächste M, 4 M überspringen, DStb in die nächste M, hDStb in die nächste M, Stb in die nächste M, hStb in die nächsten 3 M, fM in die nächsten 3 M**, (fM, 2 Lm, fM) in 2-Lm-Zwr*, von * bis * 2 x und von * bis ** 1 x wdh, fM in denselben Zwr wie die 1. M, 1 Lm, mit fM in die 1. M verbinden. {20 M auf jeder Seite; 4 2-Lm-Zwr in den Ecken}

6. Rd: fM auf die Verbindungs-fM, *fM in die nächsten 9 M, hStb in die nächsten 2 M, fM in die nächsten 9 M**, (fM, 2 Lm, fM) in 2-Lm-Zwr*, von * bis * 2 x wdh und von * bis ** 1 x wdh, fM in denselben Zwr wie die 1. M, 2 Lm, mit Km an die 1. M verbinden. Abmaschen. {22 M auf jeder Seite; 4 2-Lm-Zwr}

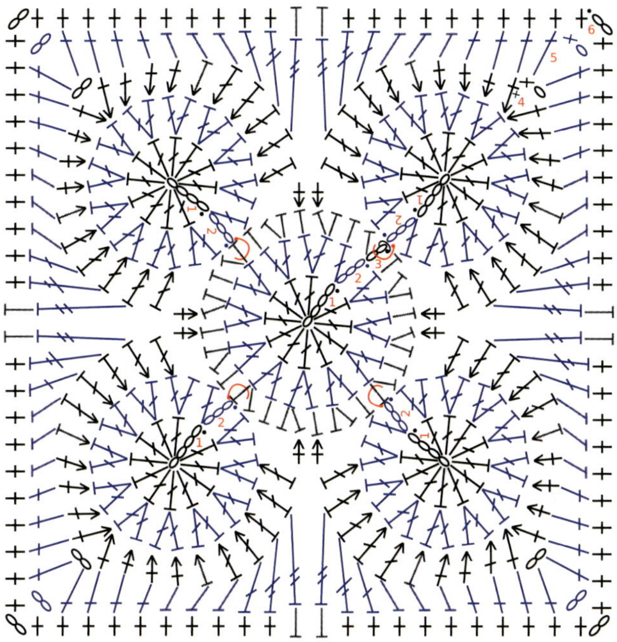

Ponys Crop Circles, Patons Cotton Blend
Gr Kreis: 1 Black 02
2 Pineapple 40
3 Wild Rose 39
Kl Kreise: 1 Persian Green 30
2 Natural 3718 04
4–5 Black 02
6 Cloud 34
www.instagram.com/ponymctate/

Cascade Ultra Pima
Gr Kreis: Turquoise 3733
Kl Kreise: Aqua 3732
4 Ice 3736
5–6 Natural 3718

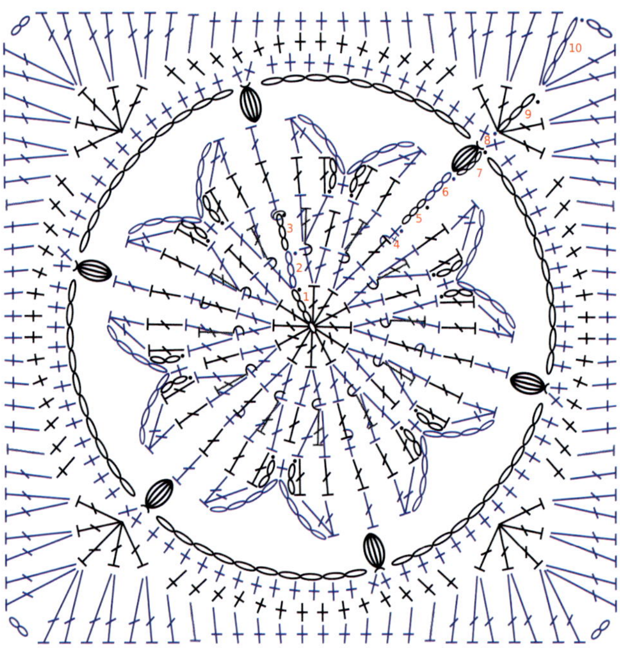

Rosette

etwa 39 m

HINWEISE:

- **3. Rd:** am Anfang kein falsches Stb häkeln.
- **7. Rd:** die 3 Lm (Anfangs-Lm) und 4-StbN ergeben 1 N.

Das Garn mit einer Anfangsschlaufe an der Nadel befestigen, 1 Lm, die M der 1. Rd in den 1-Lm-Zwr häkeln.

1. Rd: 3 Lm (Anfangs-Lm), 11 Stb, mit Km an die 3. Lm der Anfangs-Lm verbinden. {12 M}

2. Rd: 3 Lm (Anfangs-Lm), Stb in dieselbe M wie Km, 2 Stb in die nächsten 11 M, mit Km an die 3. Lm der Anfangs-Lm verbinden. {24 M}

3. Rd: 3 Lm (Anfangs-Lm), *vRStb um die nächste M**, Stb in die nächste M*, von * bis * 10 x wdh und von * bis ** 1 x wdh, mit uns Verb an die 1. vRm verbinden. {24 M}

4. Rd: Mit einer AS und hRfM um ein Stb (kein vRStb) anbringen, *2 Stb in die 2. Rd in die M hinter der vRm der 3. Rd, 1 M überspringen, 2 Stb in die 2. Rd hinter die vRm der 3. Rd**, hRfM um die nächste M*, von * bis * 4 x wdh und von * bis ** 1 x wdh, mit Km an die 1. M verbinden. {30 M}

5. Rd: 3 Lm (Anfangs-Lm), Stb in die nächste M, *(Stb, 2 Lm, Km) in die nächste M, (Km, 2 Lm, Stb) in die nächste M**, Stb in die nächsten 3 M*, von * bis * 4 x wdh und von * bis ** 1 x wdh, Stb in die nächste M, mit Km in die 3. Lm der Anfangs-Lm verbinden. {42 M, 12 2-Lm-Zwr}

6. Rd: 3 Lm (Anfangs-Lm), *die nächsten 2 M als Stb zus, 4 Lm, 2 Lm-Zwr überspringen, fM in die Lücke zwischen die M der 4. Rd, 4 Lm, 2 Lm-Zwr überspringen, die nächsten 2 M als Stb zus**, Stb in die nächste M*, von * bis * 4 x wdh und von * bis ** 1 x wdh, mit Km an die 3. Lm der Anfangs-Lm verbinden. {24 M, 12 4-Lm-Zwr}

7. Rd: 3 Lm, 4 StbN in dieselbe M wie Km, *10 Lm, (1 M, 4 Lm-Zwr, 1 M, 4 Lm-Zwr und 1 M) überspringen**, 4 StbN in die nächste M*, von * bis * 4 x wdh und von * bis ** 1 x wdh, mit Km oben an der 4-StbN verbinden. {6 M; 6 10-Lm-Zwr}

8. Rd: fM in dieselbe M wie Km, *12 fM in 10-Lm-Zwr**, 2 fM in N*, von * bis * 4 x wdh und von * bis ** 1 x wdh, fM in dieselbe M wie 1. M, mit Km an die 1. M verbinden. {84 M}

9. Rd: 3 Lm (Anfangs-Lm), 2 Stb in dieselbe M wie Km, *3 M überspringen, fM in die nächsten 14 M, 3 M überspringen**, 5 Stb in die nächste M*, von * bis * 2 x wdh und von * bis ** 1 x wdh, 2 Stb in dieselben M wie die ersten M, mit Km an die 3. Lm der Anfangs-Lm verbinden. {14 M auf jeder Seite; je 5 M in den Ecken}

10. Rd: 3 Lm (Anfangs-Lm), Stb in dieselbe M wie Km, *2 Stb in die nächsten 2 M, Stb in die nächste M, hStb in die nächste M, fM in die nächsten 10 M, hStb in die nächste M, Stb in die nächste M, 2 Stb in die nächsten 2 M**, (2 Stb, 2 Lm, 2 Stb) in die nächste M*, von * bis * 2 x wdh und von * bis ** 1 x wdh, 2 Stb in dieselben M wie die ersten M, 2 Lm, mit Km an die 3. Lm der Anfangs-Lm verbinden. Abmaschen. {26 M auf jeder Seite; 4 2-Lm-Zwr in den Ecken}

Cascade Ultra Pima
1–3 Turquoise 3733
4–7 Aqua 3732
8–9 Ice 3736
10 Natural 3718

Scheepjes Catona, 100 % Baumwolle, LL 125 m/50 g
1–3 Tangerine 281
4–7 Yellow Gold 208
8–10 Kiwi 205

Clover

etwa 32 m

Mit einem MR oder 4 Lm beginnen und die letzte Lm mit einer Km an die 1. M zu einem Ring verbinden.

1. Rd: 3 Lm (Anfangs-Lm), Stb, *2 Lm, 2 Stb*, von * bis * 6 x wdh, 1 Lm, mit fM an die 3. Lm der Anfangs-Lm verbinden. {16 M, 8 2-Lm-Zwr}

2. Rd: 3 Lm (Anfangs-Lm), 2 Stb auf die Verbindungs-fM, *2 M überspringen, fM in 2-Lm-Zwr, 2 M überspringen**, (3 Stb, 2 Lm, 3 Stb) in 2-Lm-Zwr*, von * bis * 2 x wdh und von * bis ** 1 x wdh, 3 Stb in denselben Zwr wie die ersten M, 1 Lm, mit fM an die 3. Lm der Anfangs-Lm verbinden. {7 auf jeder Seite; 4 2-Lm-Zwr in den Ecken}

3. Rd: (fM, 4 Lm, fM) auf die Verbindungs-fM, *fM in die nächsten 3 M, 4 Lm, 1 M überspringen, fM in die nächsten 3 M**, (fM, 4 Lm, fM, 4 Lm, fM) in 2-Lm-Zwr*, von * bis * 2 x wdh und von * bis ** 1 x wdh, (fM 4 Lm) in denselben Zwr wie die ersten M, mit Km an die 1. M verbinden. {8 M, 3 4-Lm-Zwr auf jeder Seite; je 1 M in den Ecken}

4. Rd: fM in denselben Zwr wie Km, *5 fM in 4-Lm-Zwr, 2 M überspringen, fM in die nächste M, 1 M überspringen, 5 fM in 4-Lm-Zwr, 1 M überspringen, fM in die nächste M, 2 M überspringen, 5 fM in 4-Lm-Zwr**, fM in die nächste M*, von * bis * 2 x wdh und von * bis ** 1 x wdh, mit 1 Km an die 1. M wdh. {17 M auf jeder Seite; je 1 M in den Ecken}

5. Rd: 4 Lm (Anfangs-Lm), *4 Lm, 2 M überspringen, hStb in die nächste M, 3 Lm, 5 M überspringen, fM in die nächste M, 3 Lm, 5 M überspringen, hStb in die nächste M, 4 Lm, 2 M überspringen**, (DStb, 3 Lm, DStb) in die nächste M*, von * bis * 2 x wdh und von * bis ** 1 x wdh, DStb in denselben Zwr wie die 1. M, 1 Lm, mit hStb in die 4. Lm der Anfangs-Lm verbinden. {5 M, 2 4-Lm-Zwr, 2 3-Lm-Zwr auf jeder Seite; 4 3-Lm-Zwr in den Ecken}

6. Rd: 2 fM auf die Verbindungs-hStb, *fM in die nächste M, 3 fM in 4-Lm-Zwr, 2 x [fM in die nächste M, 3 fM in 3-Lm-Zwr], fM in die nächste M, 3 fM in 4-Lm-Zwr, fM in die nächste M**, (2 fM, 2 Lm, 2 fM) in 3-Lm-Zwr*, von * bis * 2 x wdh und von * bis ** 1 x wdh, 2 fM in denselben Zwr wie die 1. M, 1 Lm, mit fM an die 1. M verbinden. {21 M auf jeder Seite; 4 2-Lm-Zwr in den Ecken}

7. Rd: 2 Lm (Anfangs-Lm), *2 x [2 Lm, 2 M überspringen, hStb in die nächsten 2 M], 2 Lm, 1 M überspringen, die nächsten 3 M als hStb zus, 2 Lm, 1 M überspringen, 2 x [hStb in die nächsten 2 M, 2 Lm, 2 M überspringen]**, (hStb, 2 Lm, hStb) in 2-Lm-Zwr*, von * bis * 2 x wdh und von * bis ** 1 x wdh, hStb in denselben Zwr wie die 1. M, 1 Lm, mit fM an die 2. Lm der Anfangs-Lm verbinden. {11 M, 6 2-Lm-Zwr auf jeder Seite; 4 2-Lm-Zwr in den Ecken}

8. Rd: fM auf die Verbindungs-fM, *fM in die nächste M, 2 x [2 fM in 2-Lm-Zwr, fM in die nächsten 2 M], 2 fM in 2-Lm-Zwr, fM in die nächste M, 2 x [2 fM in 2-Lm-Zwr, fM in die nächsten 2 M], 2 fM in 2-Lm-Zwr, fM in die nächste M**, (fM, 2 Lm, fM) in 2-Lm-Zwr*, von * bis * 2 x wdh und von * bis ** 1 x wdh, fM in denselben Zwr wie die 1. M, 2 Lm, mit Km an die 1. M verbinden. Abmaschen. {25 M auf jeder Seite; 4 2-Lm-Zwr in den Ecken}

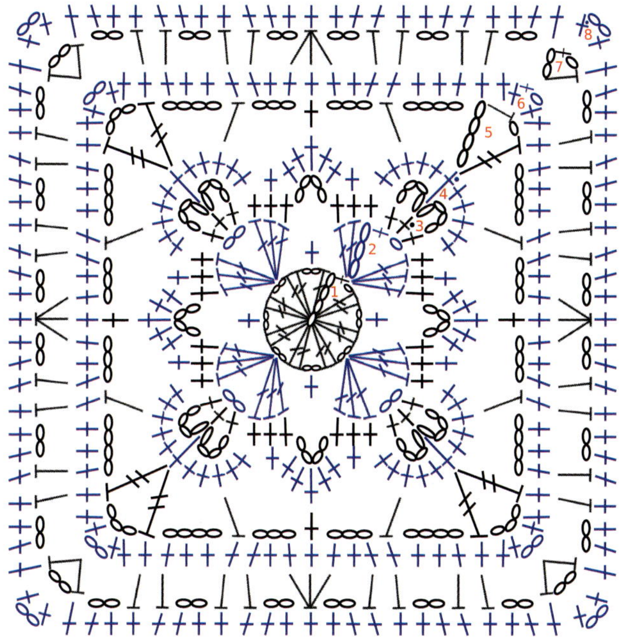

Bendigo Woollen Mills 100 % Baumwolle, LL 485 m/200 g
1–4 Kiwi 809
5–8 Latte 887

Cascade Ultra Pima
1–2 Turquoise 3733
3–4 Aqua 3732
5–6 Ice 3736
7–8 Natural 3718

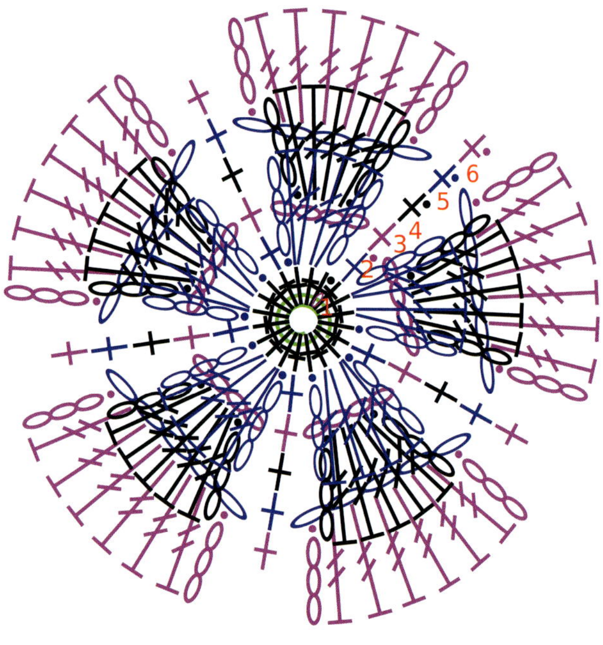

Berry Flower

etwa 48 m

HINWEISE:

- **1. Rd:** die Lm am Rd-Beginn wird nicht mitgezählt.
- **2. und 3. Rd:** zu Beginn keine falsche M arbeiten; die Lm-Zwr am Beginn dieser Runden zählen bei den M mit.
- **8. Rd:** die 3 Lm (Anfangs-Lm) und 4 zus gehäkelten Stb zählen als 5 zus gehäkelte Stb.

Mit einem MR oder 4 Lm beginnen und die letzte Lm mit einer Km an die 1. M zu einem Ring verbinden.

1. Rd: 1 Lm, 20 fM, mit Km an die 1. M verbinden. {20 M}

2. Rd: *3 Lm, 2 DStb in die nächste M, (2 DStb, 3 Lm, Km) in die nächste M, fM in die nächste M**, Km in die nächste M*, von * bis * 3 x wdh und von * bis ** 1 x wdh, nicht verbinden. {35 M, 10 3-Lm-Zwr}

3. Rd: *4 Lm, (Km, 3-Lm-Zwr, 4 M, 3-Lm-Zwr und Km) überspringen**, fM in die nächste M*, von * bis * 3 x wdh und von * bis ** 1 x wdh, mit Km in die letzte M der 2. Rd verbinden. {5 M, 5 4-Lm-Zwr}

4. Rd: fM in dieselbe M wie Km, *(Km, 3 Lm, 5 DStb, 3 Lm, Km) in 4-Lm-Zwr**, fM in nächste M*, von * bis * 3 x wdh und von * bis ** 1 x wdh, mit Km an die 1. M verbinden. {40 M, 10 3-Lm-Zwr}

5. Rd: fM in dieselbe M wie Km, *5 Lm, (Km, 3-Lm-Zwr, 5 M, 3-Lm-Zwr und Km) überspringen**, fM in die nächste M*, von * bis * 3 x wdh und von * bis ** 1 x wdh, mit Km in die 1. M verbinden. {5 M, 5 5-Lm-Zwr}

6. Rd: fM in dieselbe M wie Km, *(Km, 3 Lm, 6 DStb, 3 Lm, Km) in 5-Lm-Zwr**, fM in die nächste M*, von * bis * 3 x wdh und von * bis ** 1 x wdh, mit Km an die 1. M verbinden. {45 M, 10 3-Lm-Zwr}

7. Rd: 4 Lm (Anfangs-Lm), 4 DStb in dieselbe M wie Km, *5 Lm, (Km, 3-Lm-Zwr, 6 M, 3-Lm-Zwr und Km) überspringen**, 5 DStb in die nächste M*, von * bis * 3 x wdh und von * bis ** 1 x wdh, mit Km an die 4. Lm der Anfangs-Lm verbinden. {25 M, 5 5-Lm-Zwr}

8. Rd: 3 Lm (Anfangs-Lm), die nächsten 4 M als Stb zus, *3 Lm, 5 fM in 5-Lm-Zwr, 3 Lm**, die nächsten 5 M als Stb zus*, von * bis * 3 x wdh und von * bis ** 1 x wdh, mit Km an die 4 zus gehäkelten Stb verbinden. {30 M, 10 3-Lm-Zwr}

9. Rd: *fRStb über die unten liegenden M, 4 Lm, 3-Lm-Zwr überspringen, Stb in die nächsten 5 M, 3-Lm-Zwr überspringen*, von * bis * 4 x wdh, mit Km an die 1. M verbinden. {30 M, 10 4-Lm-Zwr}

10. Rd: fM in dieselbe M wie Km, *4 fM in 4-Lm-Zwr, fM in die nächsten 2 M, 2 fM in die nächste M, fM in die nächsten 2 M, 4 fM in 4-Lm-Zwr**, 2 fM in die nächste M*, von * bis * 3 x wdh und von * bis ** 1 x wdh, fM in dieselbe M wie die 1. M, mit Km an die 1. M verbinden. {80 M}

11. Rd: 4 Lm (Anfangs-Lm), 3 DStb in dieselbe M wie Km, *3 M überspringen, fM in die nächsten 13 M, 3 M überspringen*, 7 DStb in die nächste M*, von * bis * 2 x wdh und von * bis ** 1 x wdh, 3 DStb in dieselbe M wie die 1. M, mit Km an die 4. Lm der Anfangs-Lm verbinden. {13 M auf jeder Seite; je 7 M in den Ecken}

12. Rd: fM in dieselbe M wie Km, *fM in die nächsten 3 M, hStb in die nächste M, fM in die nächsten 11 M, hStb in die nächste M, fM in die nächsten 3 M**, (fM, 2 Lm, fM) in die nächste M*, von * bis * 2 x wdh und von * bis ** 1 x wdh, fM in denselben Zwr wie die 1. M, 1 Lm, mit fM an die 1. M verbinden. {21 M auf jeder Seite; 4 2-Lm-Zwr in den Ecken}

13. Rd: fM auf die Verbindungs-fM, *fM in die nächsten 21 M**, (fM, 2 Lm, fM) in 2-Lm-Zwr*, von * bis * 2 x wdh und von * bis ** 1 x wdh, fM in denselben Zwr wie die 1. M, 2 Lm, mit Km in die 1. fM verbinden. Abmaschen. {23 M auf jeder Seite; 4 2-Lm-Zwr in den Ecken.}

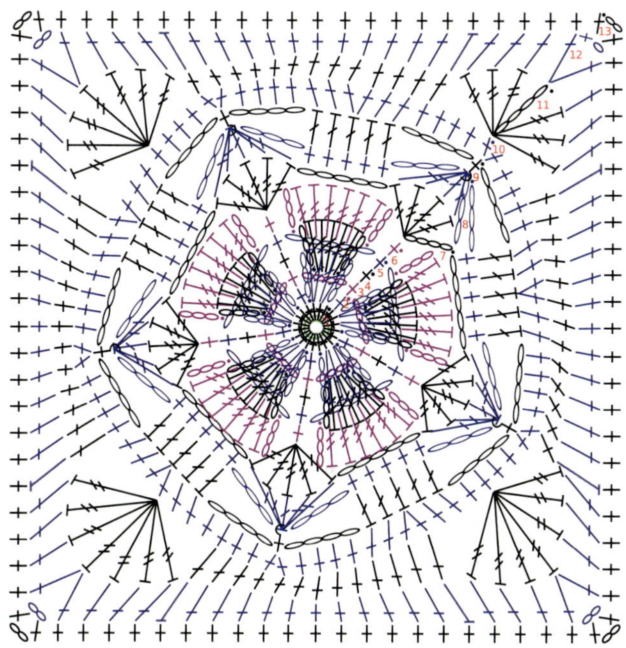

Paintbox
100 % Baumwolle,
LL 125 m/50 g
1 Buttercup Yellow 423
2–3 Tomato Red 413
4–5 Pillar Red 415
6 Red Wine 416
7–8 Evergreen 431
9–13 Marine Blue 434

Robyns Berry Flower
KPC Yarn Gossyp Cotton
1–3, 6–8 und 12–13 Ballerina
4–5 und 9–11 Rosie
www.yummyyarnandco.com.au

Cascade Ultra Pima
1–4 Turquoise 3733
5–6 Aqua 3732
7–8 Ice 3736
9–13 Natural 3718

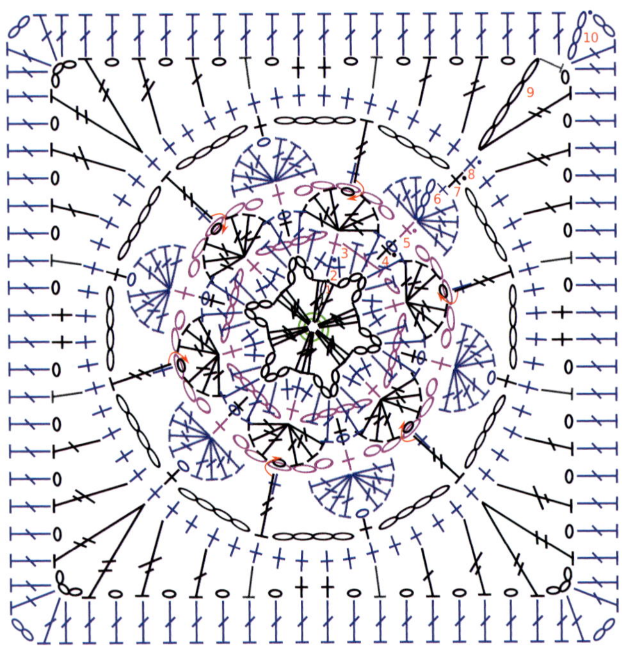

Frond

etwa 37 m

Mit einem MR oder 4 Lm beginnen und die letzte Lm mit einer Km an die 1. M zu einem Ring verbinden.

1. Rd: 3 Lm (Anfangs-Lm), Stb, *4 Lm, 3 Stb*, von * bis * 4 x wdh, 4 Lm, Stb, mit Km an die 3. Lm der Anfangs-Lm verbinden. {18 M, 6 4-Lm-Zwr}

2. Rd: fM in dieselbe M wie Km, *1 M überspringen, (fM, hStb, Stb, 1 Lm, Stb, hStb, fM) in 4-Lm-Zwr, 1 M überspringen**, fM in die nächste M*, von * bis * 4 x wdh und von * bis ** 1 x wdh, mit Km an die 1. M verbinden. {42 M, 6 1-Lm-Zwr}

3. Rd: fM in dieselbe M wie Km, *4 Lm, (3 M, 1-Lm-Zwr und 3 M) überspringen**, fM in die nächste M*, von * bis * 4 x wdh und von * bis ** 1 x wdh, 1 Lm, mit Stb an die 1. M verbinden. {6 M, 6 4-Lm-Zwr}

4. Rd: fM auf das Verbindungs-Stb, *(3 Stb, 1 Lm, 3 Stb) in die nächste M**, fM in 4-Lm-Zwr*, von * bis * 4 x wdh und von * bis ** 1 x wdh, mit Km in die 1. M verbinden. {42 M, 6 1-Lm-Zwr}

5. Rd: fM in dieselbe M wie Km, *5 Lm, (3M, 1-Lm-Zwr und 3 M) überspringen**, fM in die nächste M*, von * bis * 4 x wdh und von * bis ** 1 x wdh, mit Km an die 1. M verbinden. {6 M, 6 5-Lm-Zwr}

6. Rd: 3 Lm (Anfangs-Lm), 3 Stb in dieselbe M wie Km, *fM in 5-Lm-Zwr**, (4 Stb, 1 Lm, 4 Stb) in die nächste M*, von * bis * 4 x wdh und von * bis ** 1 x wdh, 4 Stb in denselben Zwr wie die ersten M, mit fM an die 3. Lm der Anfangs-Lm verbinden. {54 M, 6 1-Lm-Zwr}

7. Rd: fM auf die Verbindungs-fM, *4 Lm, DStb in 1-Lm-Zwr der 4. Rd, 4 Lm**, fM in 1-Lm-Zwr der 6. Rd*, von * bis * 4 x wdh und von * bis ** 1 x wdh, mit Km an die 1. M verbinden. {12 M, 12 4-Lm-Zwr}

8. Rd: fM in dieselbe M wie Km, *4 fM in 4-Lm-Zwr**, fM in die nächste M*, von * bis * 10 x wdh und von * bis ** 1 x wdh, mit Km in die 1. M verbinden. {60 M}

9. Rd: 4 Lm (Anfangs-Lm), *1 Lm, hDStb in die nächste M, 1 Lm, 1 M überspringen, Stb in die nächste M, 1 Lm, 1 M überspringen, hStb in die nächste M, 1 Lm, 1 M überspringen, fM in die nächsten 2 M, 1 Lm, 1 M überspringen, hStb in die nächste M, 1 Lm, 1 M überspringen, Stb in die nächste M, 1 Lm, 1 M überspringen, DStb in die nächste M, 1 Lm**, (DStb, 3 Lm, DStb) in die nächste M*, von * bis * 2 x wdh und von * bis ** 1 x wdh, DStb in denselben Zwr wie die 1. M, 1 Lm mit hStb an die 4. Lm der Anfangs-Lm verbinden. {10 M, 8 1-Lm-Zwr auf jeder Seite; 4 3-Lm-Zwr in den Ecken}

10. Rd: 3 Lm (Anfangs-Lm), Stb auf das Verbindungs-hStb, *4 x [Stb in die nächste M, Stb in 1-Lm-Zwr], Stb in die nächste 2 M, 4 x [Stb in 1-Lm-Zwr, Stb in die nächste M]**, (2 Stb, 2 Lm, 2 Stb) in 3-Lm-Zwr*, von * bis * 2 x wdh und von * bis ** 1 x wdh, 2 Stb in denselben Zwr wie die ersten M, 2 Lm, mit Km an die 3. Lm der Anfangs-Lm verbinden. Abmaschen. {22 M auf jeder Seite; 4 2-Lm-Zwr in den Ecken}

Cascade Ultra Pima
1–5 Turquoise 3733
6 Aqua 3732
7–8 Ice 3736
9–10 Natural 3718

Paintbox 100 % Baumwolle, LL 125 m/50 g
1 Banana Cream 421
2–3 Pale Lilac 446
4–5 Rich Mauve 445
6 Grass Green 430
7–10 Evergreen 431

Corona

etwa 34 m

Mit einem MR oder 4 Lm beginnen und die letzte Lm mit einer Km an die 1. M zu einem Ring verbinden.

1. Rd: 3 Lm (Anfangs-Lm), 15 Stb, mit Km an die 3. Lm der Anfangs-Lm verbinden. {16 M}

2. Rd: fM in dieselbe M wie Km, *2 Lm, 1 M überspringen**, fM in die nächste M*, von * bis * 6 x wdh und von * bis ** 1 x wdh, mit Km an die 1. M verbinden. {8 M, 8 2-Lm-Zwr}

3. Rd: 3 Lm (Anfangs-Lm), *3 Stb in 2-Lm-Zwr**, Stb in die nächste M*, von * bis * 6 x wdh und von * bis ** 1 x wdh, mit Km an die 3. Lm der Anfangs-Lm verbinden. {32 M}

4. Rd: fM in dieselbe M wie Km, *2 Lm, 1 M überspringen**, fM in die nächste M*, von * bis * 14 x wdh und von * bis ** 1 x wdh, mit Km an die 1. M verbinden. {16 M, 16 2-Lm-Zwr}

5. Rd: 3 Lm (Anfangs-Lm), *3 Stb in 2-Lm-Zwr**, Stb in die nächste M*, von * bis * 14 x wdh und von * bis ** 1 x wdh, mit Km in die 3. Lm der Anfangs-Lm verbinden. {64 M}

6. Rd: fM in dieselbe M wie Km, *2 Lm, 1 M überspringen**, fM in die nächste M*, von * bis * 30 x wdh und von * bis ** 1 x wdh, mit Km an die 1. M verbinden. {32 M, 32 2-Lm-Zwr}

7. Rd: 4 Lm (Anfangs-Lm), DDtb in dieselbe M wie Km, *Stb in 2-Lm-Zwr, Stb in die nächste M, Stb in 2-Lm-Zwr, hStb in die nächste M, hStb in 2-Lm-Zwr, hStb in die nächste M, fM in 2-Lm-Zwr, fM in die nächste M, fM in 2-Lm-Zwr, hStb in die nächste M, hStb in 2-Lm-Zwr, hStb in die nächste M, Stb in 2-Lm-Zwr, Stb in die nächste M, Stb in 2-Lm-Zwr**, (hDStb, DStb, 2 Lm, DStb, hDStb) in die nächste M*, von * bis * 2x wdh und von * bis ** 1x wdh, (hDStb, DStb) in dieselbe M wie die ersten M, 1 Lm, mit fM an die 4. Lm der Anfangs-Lm verbinden. {19 M auf jeder Seite; 4 2-Lm-Zwr in den Ecken}

8. Rd: fM auf die Verbindungs-fM, *9 x [1 Lm, 1 M überspringen, fM in die nächste M], 1 Lm, 1 M überspringen**, (fM, 2 Lm, fM) in 2-Lm-Zwr*, von * bis * 2 x wdh und von * bis ** 1 x wdh, fM in denselben Zwr wie die 1. M, 1 Lm, mit fM an die 1. M verbinden. {11 M, 10 1-Lm-Zwr auf jeder Seite; 4 2-Lm-Zwr in die Ecken}

9. Rd: 3 Lm (Anfangs-Lm), *10 x [Stb in die nächste M, Stb in 1-Lm-Zwr], Stb in die nächste M**, (Stb, 2 Lm, Stb) in 2-Lm-Zwr*, von * bis * 2 x wdh und von * bis ** 1 x wdh, Stb in denselben Zwr wie die 1. M, 2 Lm, mit Km in die 3. Lm der Anfangs-Lm verbinden. Abmaschen. {23 M auf jeder Seite; 4 2-Lm-Zwr in den Ecken}

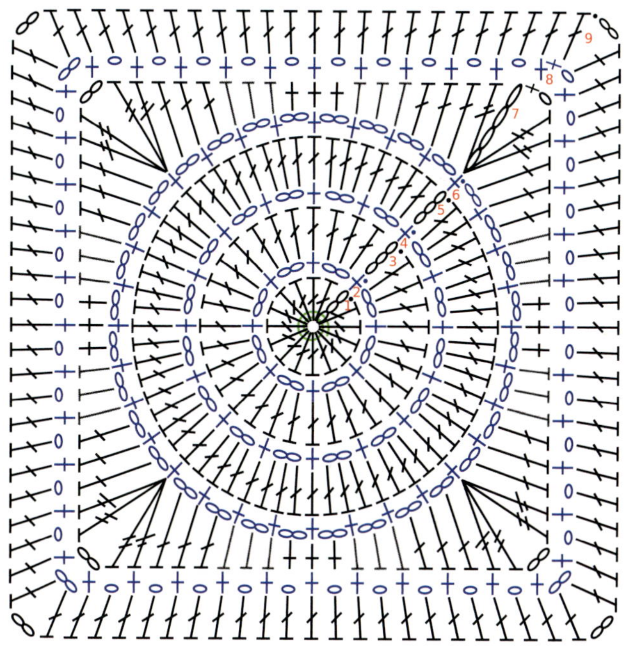

King Cole Cottonsoft, 100 % Baumwolle, LL 210 m/100 g
1–5 Orchid 3033
6–9 Lime 1601

Paintbox 100 % Baumwolle, LL 125 m/50 g
1–2 Melon Sorbet 417
3–4 Soft Fudge 410
5 Coffee Bean 411
6–7 Grass Green 430
8–9 Evergreen 431

Cascade Ultra Pima
1–2 Turquoise 3733
3–4 Aqua 3732
5–6 Ice 3736
7–9 Natural 3718

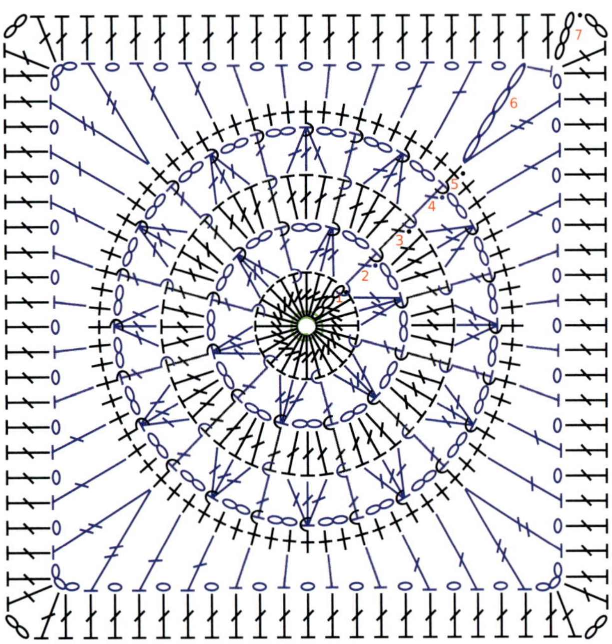

Dahlia

etwa 34 m

Mit einem MR oder 6 Lm beginnen und die letzte Lm mit einer Km an die 1. M zu einem Ring verbinden.

1. Rd: 3 Lm (Anfangs-Lm), 23 Stb, mit Km an die 3. Lm der Anfangs-Lm verbinden. Den MR festziehen, sodass das Loch 1 cm groß ist. {24 M}

2. Rd: vRStb um die M unter der Km, *2 Lm, die nächsten 3 M als Stb zus, 2 Lm**, vRStb um die nächste M*, von * bis * 4 x wdh und von * bis ** 1 x wdh, mit Km an die 1. M verbinden. {12 M, 12 2-Lm-Zwr}

3. Rd: vRStb um die M unter der Km, *3 Stb in 2-Lm-Zwr**, vRStb um die nächste M*, von * bis * 10 x wdh und von * bis ** 1 x wdh, mit Km an die 1. M verbinden. {48 M}

4. Rd: vRStb um die M unter der Km, *2 Lm, die nächsten 3 M als Stb zus, 2 Lm**, vRStb un die nächste M*, von * bis * 10 x wdh und von * bis ** 1 x wdh, mit Km an die 1. M verbinden. {24 M, 24 2-Lm-Zwr}

5. Rd: vRStb um die M unter der Km, *2 fM in 2-Lm-Zwr**, vRStb um die nächste M*, von * bis * 22 x wdh und von * bis ** 1 x wdh, mit Km an die 1. M verbinden. {72 M}

6. Rd: 4 Lm (Anfangs-Lm), *2 x [1 Lm, 1 M überspringen, Stb in die nächste M], 4 x [1 Lm, 1 M überspringen, hStb in die nächste M], 2 x [1 Lm, 1 M überspringen, Stb in die nächste M], 1 Lm, 1 M überspringen**, (DStb, 3 Lm, DStb) in die nächste M*, von * bis * 2 x wdh und von * bis ** 1 x wdh, DStb in denselben Zwr wie die 1. M, 1 Lm, mit hStb in die 4. Lm der Anfangs-Lm verbinden. {10 M, 9 1-Lm-Zwr auf jeder Seite; 4 3-Lm-Zwr in den Ecken}

7. Rd: 3 Lm (Anfangs-Lm), Stb auf das Verbindungs-hStb, *9 x [Stb in die nächste M, Stb in 1-Lm-Zwr], Stb in die nächste M**, (2 Stb, 2 Lm, 2 Stb) in 3-Lm-Zwr*, von * bis * 2 x wdh und von * bis ** 1 x wdh, 2 Stb in denselben Zwr wie die ersten M, 2 Lm, mit Km in die 3. Lm der Anfangs-Lm verbinden. Abmaschen. {23 M auf jeder Seite; 4 2-Lm-Zwr in den Ecken}

Cascade Ultra Pima
1–2 Turquoise 3733
3–5 Aqua 3732
6 Ice 3736
7 Natural 3718

Bendigo Woollen Mills Luxury, 100 % Wolle, LL 400 m/200 g
1–2 Tangerine 347
3–4 Sunrise 336
5–7 Blue Denim 363

Paintbox 100 % Baumwolle, LL 125 m/50 g
1–2 Rich Mauve 445
3–5 Banana Cream 421
6–7 Tomato Red 413

Sharing

etwa 37 m

HINWEIS

- **2. Rd:** die 3 Lm (Anfangs-Lm) und 2-StbCl werden als 3-StbCl gezählt.

Das Garn mit einer Anfangsschlaufe an der Nadel befestigen, 1 Lm, die M der 1. Rd in den 1-Lm-Zwr häkeln.

1. Rd: 3 Lm (Anfangs-Lm), Stb, *1 Lm, 2 Stb*, von * bis * 4 x wdh, mit fM in die 3. Lm der Anfangs-Lm verbinden. {12 M, 6 1-Lm-Zwr}

2. Rd: 3 Lm (Anfangs-Lm), 2-StbCl auf die Verbindungs-fM, *1 Lm, 2 M überspringen, (3 StbCl, 1 Lm, 3-StbCl) in 1-Lm-Zwr*, von * bis * 4 x wdh, 1 Lm, 3-StbCl in denselben Zwr wie die ersten M, mit fM in 2-StbCl verbinden. {12 M, 12 1-Lm-Zwr}

3. Rd: 3 Lm (Anfangs-Lm), 2 Stb auf die Verbindungs-fM, *1 Lm, 1 M überspringen, 3 Stb in 1-Lm-Zwr*, von * bis * 10 x wdh, mit fM in die 3. Lm der Anfangs-Lm verbinden. {36 M, 12 1-Lm-Zwr}

4. Rd: fM auf die Verbindungs-fM, *fM in die nächsten 3 M, fM in Lm-Zwr*, von * bis * 10 x wdh, fM in die nächsten 3 M, mit Km in die 1. M verbinden. {48 M}

5. Rd: 4 Lm (Anfangs-Lm), DStb in dieselbe M wie Km, *Stb in die nächsten 2 M, hStb in die nächsten 2 M, fM in die nächsten 3 M, hStb in die nächsten 2 M, Stb in die nächsten 2 M**, (hDStb, DStb, 2 Lm, DStb, hDStb) in die nächste M*, von * bis * 2 x wdh und von * bis ** 1 x wdh, (hDStb, DStb) in dieselbe M wie die ersten M, 1 Lm, mit fM in die 4. Lm der Anfangs-Lm verbinden. {15 M auf jeder Seite; 4 2-Lm-Zwr in den Ecken}

6. Rd: fM auf die Verbindungs-fM, *fM in die nächsten 15 M**, (fM, 2 Lm, fM) in 2-Lm-Zwr*, von * bis * 2 x wdh und von * bis ** 1 x wdh, fM in denselben Zwr wie die 1. M, 1 Lm, mit fM in die 1. M verbinden. {17 M auf jeder Seite; 4 2-Lm-Zwr in den Ecken}

7. Rd: 3 Lm (Anfangs-Lm), *8 x [1 Lm, 1 M überspringen, Stb in die nächste M], 1 Lm, 1 M überspringen**, (Stb, 3 Lm, Stb) in 2-Lm-Zwr*, von * bis * 2 x wdh und von * bis ** 1 x wdh, Stb in denselben Zwr wie die 1. M, 2 Lm, mit hStb in die 3. Lm der Anfangs-Lm verbinden. {10 M, 9 1-Lm-Zwr auf jeder Seite; 4 3-Lm-Zwr in den Ecken}

8. Rd: 2 fM auf das Verbindungs-hStb, *9 x [fM in die nächste M, fM in 1-Lm-Zwr], fM in die nächste M**, (2 fM, 2 Lm, 2 fM) in 3-Lm-Zwr*, von * bis * 2 x wdh und von * bis ** 1 x wdh, 2 fM in denselben Zwr wie die ersten M, 1 Lm, mit fM in die 1. M verbinden. {23 M auf jeder Seite; 4 2-Lm-Zwr in den Ecken}

9. Rd: fM auf die Verbindungs-fM, *fM in die nächsten 23 M**, (fM, 2 Lm, fM) in 2-Lm-Zwr*, von * bis * 2 x wdh und von * bis ** 1 x wdh, fM in denselben Zwr wie die 1. M, 2 Lm, mit Km in die 1. M verbinden. Abmaschen. {25 M auf jeder Seite; 4 2-Lm-Zwr in den Ecken}

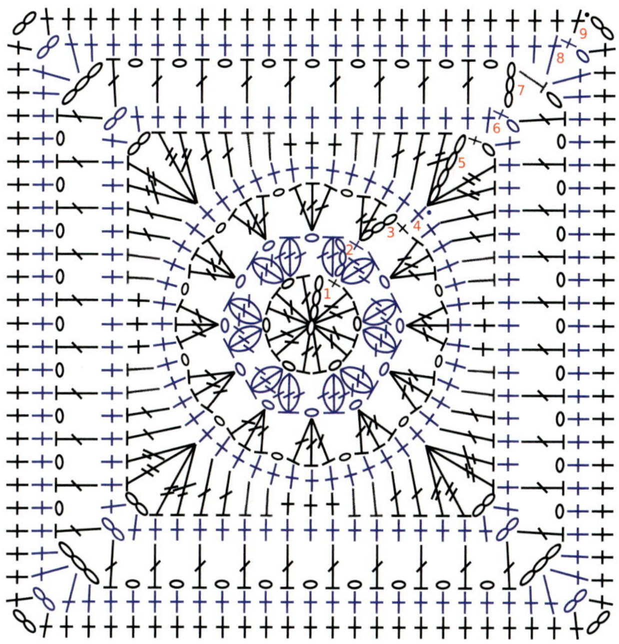

Scheepjes Catona, 100 % Baumwolle, LL 125 m/50 g
1 Hot Red 115
2 Yellow Gold 208
3–4 Kiwi 205
5–6 Vivid Blue 146
7–9 Electric Blue 201

Cascade Ultra Pima
1–3 Turquoise 3733
4–6 Aqua 3732
7 Ice 3736
8–9 Natural 3718

Cirque

etwa 35 m

HINWEIS

- **6. und 7. Rd:** die Ecken werden anders als zuvor gearbeitet.

Das Garn mit einer Anfangsschlaufe an der Nadel befestigen, 1 Lm, die M der 1. Rd in den 1-Lm-Zwr häkeln.

1. Rd: 3 Lm (Anfangs-Lm), 11 Stb, mit Km in die 3. Lm der Anfangs-Lm verbinden. {12 M}

2. Rd: 3 Lm (Anfangs-Lm), Stb in dieselbe M wie Km, 2 Stb in die nächsten 11 M, mit Km in die 3. Lm der Anfangs-Lm verbinden. {24 M}

3. Rd: 3 Lm (Anfangs-Lm), Stb in dieselbe M wie Km, *Stb in die nächste M, 2 Stb in die nächste M*, von * bis * 10 x wdh, Stb in die nächste M, mit Km in die 3. Lm der Anfangs-Lm verbinden. {36 M}

4. Rd: 3 Lm (Anfangs-Lm), Stb in dieselbe M wie Km, *Stb in die nächsten 2 M**, 2 Stb in die nächste M*, von * bis * 10 x wdh und von * bis ** 1 x wdh, mit Km in die 3. Lm der Anfangs-Lm verbinden. {48 M}

5. Rd: 4 Lm (Anfangs-Lm), hDStb in dieselbe M wie Km, *Stb in die nächsten 2 M, hStb in die nächsten 2 M, fM in die nächsten 3 M, hStb in die nächsten 2 M, Stb in die nächsten 2 M**, (hDStb, DStb, 2 Lm, DStb, hDStb) in die nächste M*, von * bis * 2 x wdh und von * bis ** 1 x wdh, (hDStb, DStb) in denselben Zwr wie die ersten M, 1 Lm, mit fM in die 4. Lm der Anfangs-Lm verbinden. {15 M auf jeder Seite; 4 2-Lm-Zwr in den Ecken}

6. Rd: 3 Lm (Anfangs-Lm), Stb auf die Verbindungs-fM, *Stb in die nächsten 15 M**, (2 Stb, 2 Lm, 2 Stb) in 2-Lm-Zwr*, von * bis * 2 x wdh und von * bis ** 1 x wdh, 2 Stb in denselben Zwr wie die ersten M, 1 Lm, mit fM in die 3. Lm der Anfangs-Lm verbinden. {19 M auf jeder Seite; 4 2-Lm-Zwr in den Ecken}

7. Rd: 3 Lm (Anfangs-Lm), *Stb in die nächsten 19 M**, (Stb, 2 Lm, Stb) in 2-Lm-Zwr*, von * bis * 2 x wdh und von * bis ** 1 x wdh, Stb in denselben Zwr wie die 1. M, 2 Lm, mit Km in die 3. Lm der Anfangs-Lm verbinden. Abmaschen. {21 M auf jeder Seite; 4 2-Lm-Zwr in den Ecken}

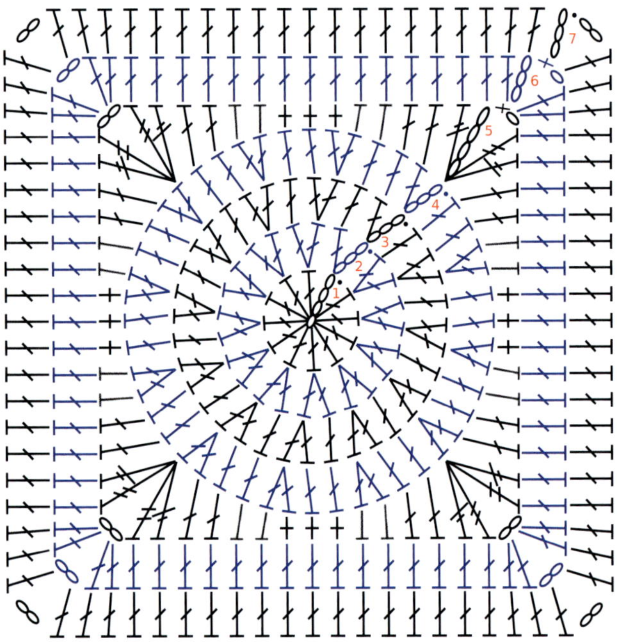

Cascade Ultra Pima
1–2 Turquoise 3733
3–4 Aqua 3732
5 Ice 3736
6–7 Natural 3718

Paintbox 100 % Baumwolle, LL 125 m/50 g
1 Rich Mauve 445
2 Royal Blue 441
3 Marine Blue 434
4 Grass Green 430
5 Buttercup Yellow 423
6 Blood Orange 420
7 Pillar Red 415

Bendigo Woollen Mills 100 % Baumwolle, LL 670 m/200 g
1–4 Sky 812
5–7 Parchment 816

Florence

etwa 37 m

Das Garn mit einer Anfangsschlaufe an der Nadel befestigen, 1 Lm, die M der 1. Rd in den 1-Lm-Zwr häkeln.

1. Rd: 3 Lm (Anfangs-Lm), 11 Stb, mit Km in die 3. Lm der Anfangs-Lm verbinden. {12 M}

2. Rd: 3 Lm (Anfangs-Lm), Stb in dieselbe M wie Km, *2 Lm, 2 M überspringen**, (2 Stb, 2 Lm, 2 Stb) in die nächste M*, von * bis * 2 x wdh und von * bis ** 1 x wdh, 2 Stb in dieselbe M wie die ersten M, 1 Lm, mit fM in die 3. Lm der Anfangs-Lm verbinden. {4 M, 1 2-Lm-Zwr auf jeder Seite; 4 2-Lm-Zwr in den Ecken}

3. Rd: 3 Lm (Anfangs-Lm), Stb auf die Verbindungs-fM, *2 M überspringen, 8 Stb in 2-Lm-Zwr, 2 M überspringen**, (2 Stb, 2 Lm, 2 Stb) in 2-Lm-Zwr*, von * bis * 2 x wdh und von * bis ** 1 x wdh, 2 Stb in denselben Zwr wie die ersten M, 1 Lm, mit fM in die 3. Lm der Anfangs-Lm verbinden. {12 M auf jeder Seite; 4 2-Lm-Zwr in den Ecken}

4. Rd: 3 Lm (Anfangs-Lm), Stb auf die Verbindungs-fM, *hRStb um die nächsten 2 M, hStb in hMg der nächsten 8 M, hRStb um die nächsten 2 M**, (2 Stb, 2 Lm, 2 Stb) in 2-Lm-Zwr*, von * bis * 2 x wdh und von * bis ** 1 x wdh, 2 Stb in denselben Zwr wie die ersten M, 1 Lm, mit fM in die 3. Lm der Anfangs-Lm verbinden. {16 M auf jeder Seite; 4 2-Lm-Zwr in den Ecken}

5. Rd: 3 Lm (Anfangs-Lm), Stb auf die Verbindungs-fM, *4 Lm, 6 M überspringen, fM in hMg der nächsten 4 M, 4 Lm, 6 M überspringen**, (2 Stb, 2 Lm, 2 Stb) in 2-Lm- Zwr*, von * bis * 2 x wdh und von * bis ** 1 x wdh, 2 Stb in denselben Zwr wie die ersten M, 1 Lm, mit fM in die 3. Lm der Anfangs-Lm verbinden. {8 M, 2 4-Lm-Zwr auf jeder Seite; 4 2-Lm-Zwr in den Ecken}

6. Rd: 3 Lm (Anfangs-Lm), Stb auf die Verbindungs-fM, *Stb in die nächsten 2 M, 4 Stb in 4-Lm-Zwr, Stb in die nächsten 4 M, 4 Stb in 4-Lm-Zwr, Stb in die nächsten 2 M**, (2 Stb, 2 Lm, 2 Stb) in 2-Lm-Zwr*, von * bis * 2 x wdh und von * bis ** 1 x wdh, 2 Stb in denselben Zwr wie die ersten M, 1 Lm, mit fM in die 3. Lm der Anfangs-Lm verbinden. {20 M auf jeder Seite; 4 2-Lm-Zwr in den Ecken}

7. Rd: fM auf die Verbindungs-fM, *fM in die nächsten 20 M**, (fM, 2 Lm, fM) in 2-Lm-Zwr*, von * bis * 2 x wdh und von * bis ** 1 x wdh, fM in denselben Zwr wie die 1. M, 1 Lm, mit fM in die 1. M verbinden. {22 M auf jeder Seite; 4 2-Lm-Zwr in den Ecken}

8. Rd: fM auf die Verbindungs-fM, *fM in die nächsten 22 M**, (fM, 2 Lm, fM) in die nächste M*, von * bis * 2 x wdh und von * bis ** 1 x wdh, fM in denselben Zwr wie die 1. M, 2 Lm, mit Km in die 1. M verbinden. Abmaschen. {24 M auf jeder Seite; 4 2-Lm-Zwr in den Ecken}

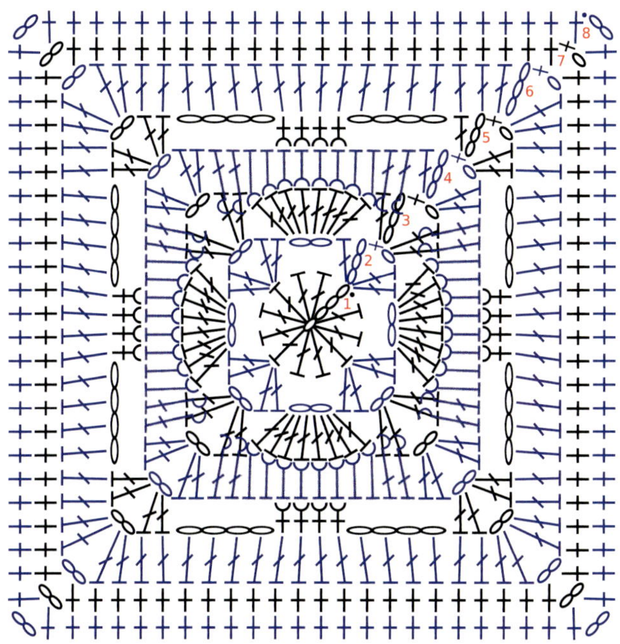

Bendigo Woollen Mills
100 % Baumwolle,
LL 485 m/200 g
1,3,5 und 7 Glacier 818
2,4,6 und 8 Grey Wisp 826

Cascade Ultra Pima
1–2 Turquoise 3733
3–4 Aqua 3732
5–6 Ice 3736
7–8 Natural 3718

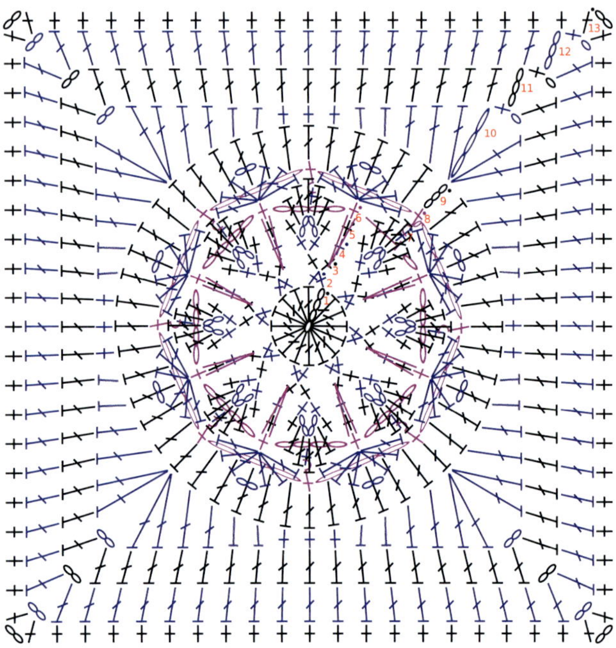

Anemone

etwa 47 m

TIPP

- **Am besten den Endfaden vor Beginn der 2. Rd vernähen**

HINWEIS

- **8. Rd:** die Lm am Rd-Beginn wird nicht mitgezählt.

Mit einem MR oder 4 Lm beginnen und die letzte Lm mit einer Km an die 1. M zu einem Ring verbinden.

1. Rd: 3 Lm (Anfangs-Lm), 15 Stb, mit Km in die 3. Lm der Anfangs-Lm verbinden. {16 M}

2. Rd: fM in die Km und nächste M mit fM zus häkeln, *2 M als fM zus*, von * bis * 6 x wdh, mit Km in die 1. M verbinden. {8 M}

3. Rd: 2 fM in dieselbe M wie Km, 2 fM in die nächsten 7 M, mit Km in die 1. M verbinden. {16 M}

4. Rd: fM in dieselbe M wie Km, *(fM, 4 Lm, fM) in die nächste M**, fM in die nächste M*, von * bis * 6 x wdh und von * bis ** 1 x wdh, mit Km in die 1. M verbinden. {24 M, 8 4-Lm-Zwr}

5. Rd: fM in dieselbe M wie Km, fM in nächste M, *5 S in 4-Lm-Zwr**, fM in die nächsten 3 M*, von * bis * 6 x wdh und von * bis ** 1 x wdh, fM in die nächste M, mit Km in die 1. M verbinden. {64 M}

6. Rd: tfM in M der 3. Rd, *4 Lm, 7 M überspringen, tfM in M der 3. Rd.*, von * bis * 6 x wdh, 1 Lm, mit Stb in die 1. M verbinden. {8 M, 8 4-Lm-Zwr}

7. Rd: fM in das Verbindungs-Stb, *(3 Stb, 2 Lm, 3 Stb) in die nächste M**, fM in 4-Lm-Zwr*, von * bis * 6 x wdh und von * bis ** 1 x wdh, mit Km in die 1. M verbinden. {56 M, 8 2-Lm-Zwr}

8. Rd: 1 Lm, hRfM um die M unter der Km, *3 Lm, (3 M, 2-Lm-Zwr und 3 M) überspringen**, hRfM um die nächste M*, von * bis * 6 x wdh und von * bis ** 1 x wdh, mit Km an die 1. M verbinden. {8 M, 8 3-Lm-Zwr}

9. Rd: 3 Lm (Anfangs-Lm), *5 Stb in 3-Lm-Zwr**, fM in die nächste M*, von * bis * 6 x wdh und von * bis ** 1 x wdh, mit Km in die 3. Lm der Anfangs-Lm verbinden. {48 M}

10. Rd: 3 Lm (Anfangs-Lm), Stb in dieselbe M wie Km, *Stb in die nächsten 2 M, hStb in die nächsten 2 M, fM in die nächsten 3 M, hStb in die nächsten 2 M, Stb in die nächsten 2 M**, (2 Stb, 2 Lm, 2 Stb) in die nächste M*, von * bis * 2 x wdh und von * bis ** 1 x wdh, 2 Stb in denselben Zwr wie die ersten M, 1 Lm, mit fM in die 3. Lm der Anfangs-Lm verbinden. {15 M auf jeder Seite; 4 2-Lm-Zwr}

11. Rd: 3 Lm (Anfangs-Lm), *Stb in die nächsten 15 M**, (Stb, 2 Lm, Stb) in 2-Lm-Zwr*, von * bis * 2 x wdh und von * bis ** 1 x wdh, Stb in denselben Zwr wie die 1. M, 1 Lm, mit fM in die 3. Lm der Anfangs-Lm verbinden. {17 M auf jeder Seite; 4 2-Lm-Zwr in den Ecken}

12. Rd: 3 Lm (Anfangs-Lm), *Stb in die nächsten 17 M**, (Stb, 2 Lm, Stb) in 2-Lm-Zwr*, von * bis * 2 x wdh und von * bis ** 1 x wdh, fM in denselben Zwr wie die 1. M, 1 Lm, mit fM in die 3. Lm der Anfangs-Lm verbinden. {19 M auf jeder Seite; 4 2-Lm-Zwr in den Ecken}

13. Rd: fM auf die die Verbindungs-fM, *fM in die nächsten 19 M**, (fM, 2 Lm, fM) in 2-Lm-Zwr*, von * bis * 2 x wdh und von * bis ** 1 x wdh, fM in denselben Zwr wie die 1. M, 2 Lm, mit Km in die 1. M verbinden. Abmaschen. {21 M auf jeder Seite; 4 2-Lm-Zwr in den Ecken}

Paintbox
100 % Baumwolle,
LL 125 m/50 g
1 Banana Cream 421
2–3 Daffodil Yellow 422
4–5 Buttercup Yellow 423
6–7 Grass Green 430
8–13 Washed Teal 433

Bendigo Woollen Mills
100 % Baumwolle,
LL 485 m/200 g
1–2 Daffodil 806
3–5 Pomegranate 819
6–8 Kiwi 809
9–11 und 13 Snow 801
12 Pomegranate 819

Cascade Ultra Pima
1–4 Turquoise 3733
5–6 Aqua 3732
7–9 Ice 3736
10–13 Natural 3718

Framed

etwa 47 m

Mit einem MR oder 6 Lm beginnen und die letzte Lm mit einer Km an die 1. M zu einem Ring verbinden.

1. Rd: 3 Lm (Anfangs-Lm), *2 Lm, 3-StbCl, 2 Lm**, Stb*, von * bis * 2 x wdh und von * bis ** 1 x wdh, mit Km in die 3. Lm der Anfangs-Lm verbinden. {8 M, 8 2-Lm-Zwr}

2. Rd: 3 Lm (Anfangs-Lm), 3 Stb in dieselbe M wie Km, *2-Lm-Zwr überspringen, vRfM um die nächsten M, 2-Lm-Zwr überspringen**, 7 Stb in die nächste M*, von * bis * 2 x wdh und von * bis ** 1 x wdh, 3 Stb in dieselbe M wie die ersten M, mit Km in die 3. Lm der Anfangs-Lm verbinden. {32 M}

3. Rd: fM in dieselbe M wie Km, *hRfM um die nächsten 3 M, 3 Lm, 1 M überspringen, hRfM um die nächsten 3 M**, (fM, 3 Lm, fM) in die nächste M, von * bis * 2 x wdh und von * bis ** 1 x wdh, fM in dieselbe M wie die 1. M, 1 Lm, mit hStb in die 1. M verbinden. {8 M, 1 3-Lm-Zwr auf jeder Seite; 4 3-Lm-Zwr in den Ecken}

4. Rd: 3 Lm (Anfangs-Lm), 3 Stb in das Verbindungs-hStb, *1 M überspringen, die nächsten 2 M als fM zus, 1 M überspringen**, 7 Stb in 3-Lm-Zwr*, von * bis * 6 x wdh und von * bis ** 1 x wdh, 3 Stb in denselben Zwr wie die ersten M, mit Km in die 3. Lm der Anfangs-Lm verbinden. {64 M}

5. Rd: fM in dieselbe M wie Km, *hRfM um die nächsten 3 M, 3 StbCl in die nächste M, hRfM um die nächsten 7 M, 3-StbCl in die nächste M, hRfM um die nächsten 3 M**, (fM, 2 Lm, fM) in die nächste M*, von * bis * 2 x wdh und von * bis ** 1 x wdh, fM in dieselbe M wie die 1. M, 1 Lm, mit fM in die 1. M verbinden. {17 M auf jeder Seite; 4 2-Lm-Zwr in den Ecken}

6. Rd: 3 Lm (Anfangs-Lm), *Stb in die nächsten 4 M, vRStb um die nächste M, hStb in die nächsten 2 M, fM in die nächsten 3 M, hStb in die nächsten 2 M, vRStb um die nächste M, Stb in die nächsten 4 M**, (Stb, 2 Lm, Stb) in 2-Lm-Zwr*, von * bis * 2 x wdh und von * bis ** 1 x wdh, fM in denselben Zwr wie die 1. M, 1 Lm, mit fM in die 3. Lm der Anfangs-Lm verbinden. {19 M auf jeder Seite; 4 2-Lm-Zwr in den Ecken}

7. Rd: 3 Lm (Anfangs-Lm), *vRStb um die nächsten 19 M**, (Stb, 2 Lm, Stb) in 2-Lm-Zwr*, von * bis * 2 x wdh und von * bis ** 1 x wdh, Stb in denselben Zwr wie die 1. M, 1 Lm, mit fM in die 3. Lm der Anfangs-Lm verbinden. {21 M auf jeder Seite; 4 2-Lm-Zwr in den Ecken}

8. Rd: fM auf die Verbindungs-fM, *M der 7. Rd nicht häkeln, Stb in 19 M der 6. Rd**, (fM, 2 Lm, fM) in 2-Lm-Zwr*, von * bis * 2 x wdh und von * bis ** 1 x wdh, fM in denselben Zwr wie die 1. M, 1 Lm, mit fM in die 1. M verbinden. {21 M auf jeder Seite; 4 2-Lm-Zwr in den Ecken}

9. Rd: fM auf die Verbindungs-fM, *fM in die nächsten 21 M**, (fM, 2 Lm, fM) in 2-Lm-Zwr*, von * bis * 2 x wdh und von * bis ** 1 x wdh, fM in denselben Zwr wie die 1. M, 2 Lm, mit Km in die 1. M verbinden. Abmaschen. {23 M auf jeder Seite; 4 2-Lm-Zwr in den Ecken}

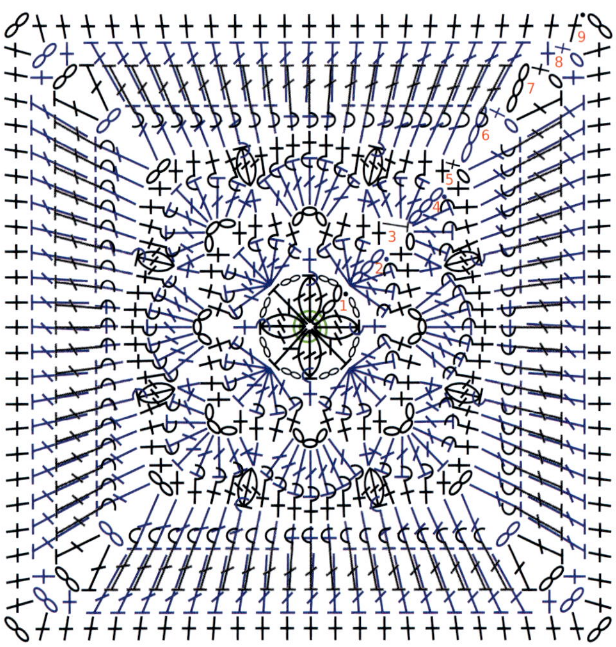

Cascade Ultra Pima
1–2 Turquoise 3733
3–4 Aqua 3732
5–7 Ice 3736
8–9 Natural 3718

Erica Knight Studio Linen
1, 4-5, 7 und 9 Neo 404
2–3, 6 und 8 Milk 400

Granny Flower

etwa 43 m

Das Garn mit einer Anfangsschlaufe an der Nadel befestigen, 1 Lm, die M der 1. Rd in den 1-Lm-Zwr häkeln.

1. Rd: 3 Lm (Anfangs-Lm), *2 Lm**, Stb*, von * bis * 6 x wdh und von * bis ** 1 x wdh, mit Km in die 3. Lm der Anfangs-Lm verbinden. {8 M, 8 2-Lm-Zwr}

2. Rd: fM in dieselbe M wie Km, *(Km, 3 Lm, 3 Stb, 3 Lm, Km) in 2-Lm-Zwr**, fM in die nächste M*, von * bis * 6 x wdh und von * bis ** 1 x wdh, mit Km in die 1. M verbinden. {48 M, 16 3-Lm-Zwr}

3. Rd: fM in dieselbe M wie Km, *3 Lm, (Km, 3-Lm-Zwr, 3 M, 3-Lm-Zwr und Km) überspringen**, fM in die nächste M*, von * bis * 6 x wdh und von * bis ** 1 x wdh, mit Km in die 1. M verbinden. {8 M, 8 3-Lm-Zwr}

4. Rd: fM in dieselbe M wie Km, *(Km, 4 Lm, 3 DStb, 4 Lm, Km) in 3-Lm-Zwr**, fM in die nächste M*, von * bis * 6 x wdh und von * bis ** 1 x wdh, mit Km in die 1. M verbinden. {48 M, 16 4-Lm-Zwr}

5. Rd: fM in dieselbe M wie Km, *3 Lm, (Km, 4-Lm-Zwr, 3 M, 4-Lm-Zwr und Km) überspringen**, fM in die nächste M, von * bis * 6 x wdh und von * bis ** 1 x wdh, mit Km in die 1. M verbinden. {8 M, 8 3-Lm-Zwr}

6. Rd: 3 Lm (Anfangs-Lm), 2 Stb in dieselbe M wie Km, *1 Lm, 3-Lm-Zwr überspringen, 3 Stb in die nächste M, 1 Lm, 3-Lm-Zwr überspringen**, (3 Stb, 2 Lm, 3 Stb) in die nächste M*, von * bis * 2 x wdh und von * bis ** 1 x wdh, 3 Stb in dieselbe M wie die ersten M, 1 Lm, mit fM in die 3. Lm der Anfangs-Lm verbinden. {9 M, 2 1-Lm-Zwr auf jeder Seite; 4 2-Lm-Zwr in den Ecken}

7. Rd: 3 Lm (Anfangs-Lm), 2 Stb auf die Verbindungs-fM, *2 x [1 Lm, 3 M überspringen, 3 Stb in 1-Lm-Zwr], 1 Lm, 3 Stb überspringen**, (3 Stb, 2 Lm, 3 Stb) in 2-Lm-Zwr*, von * bis * 2 x wdh und von * bis ** 1 x wdh, 3 Stb in denselben Zwr wie die ersten M, 1 Lm, mit fM in die 3. Lm der Anfangs-Lm verbinden. {12 M, 3 1-Lm-Zwr auf jeder Seite; 4 2-Lm-Zwr in den Ecken}

8. Rd: 3 Lm (Anfangs-Lm), 2 Stb auf die Verbindungs-fM, *3 x [1 Lm, 3 M überspringen, 3 Stb in 1-Lm-Zwr], 1 Lm, 3 Stb überspringen**, (3 Stb, 2 Lm, 3 Stb) in 2-Lm-Zwr*, von * bis * 2 x wdh und von * bis ** 1 x wdh, 3 Stb in denselben Zwr wie die ersten M, 1 Lm mit fM in die 3. Lm der Anfangs-Lm verbinden. {15 M, 4 1-Lm-Zwr auf jeder Seite; 4 2-Lm-Zwr in den Ecken}

9. Rd: 3 Lm (Anfangs-Lm), 2 Stb auf die Verbindungs-fM, *4 x [1 Lm, 3 M überspringen, 3 Stb in 1-Lm-Zwr], 1 Lm, 3 Stb überspringen**, (3 Stb, 2 Lm, 3 Stb) in 2-Lm-Zwr*, von * bis * 2 x wdh und von * bis ** 1 x wdh, 3 Stb in denselben Zwr wie die ersten M, 1 Lm, mit fM in die 3. Lm der Anfangs-Lm verbinden. {18 M, 5 1-Lm-Zwr auf jeder Seite; 4 2-Lm-Zwr in den Ecken}

10. Rd: fM auf die Verbindungs-fM, *5 x [fM in die nächsten 3 M, fM in 1-Lm-Zwr], fM in die nächsten 3 M**, (fM, 2 Lm, fM) in 2-Lm-Zwr*, von * bis * 2 x wdh und von * bis ** 1 x wdh, fM in denselben Zwr wie die 1. M, 2 Lm, mit Km in die 1. M verbinden. Abmaschen. {25 M auf jeder Seite; 4 2-Lm-Zwr in den Ecken}

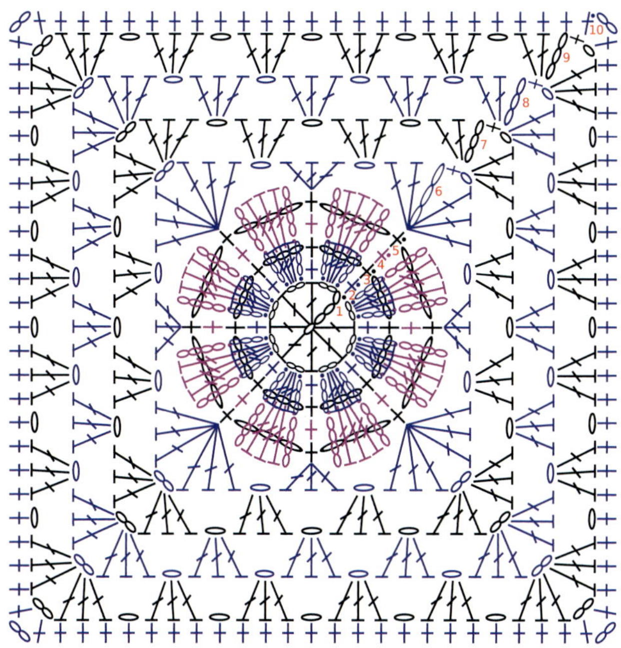

Susans Granny Flower
Scheepjes Catona,
100 % Baumwolle,
LL 125 m/50 g
1 Saffron 249
2–4 Scarlet 192
5–8 Silver Blue 528
9–10 Deep Ocean Green 391
www.instagram.com/suregal27

Cascade Ultra Pima
1 Turquoise 3733
2–3 Aqua 3732
4–5 Ice 3736
6–10 Natural 3718

D'Urville

etwa 42 m

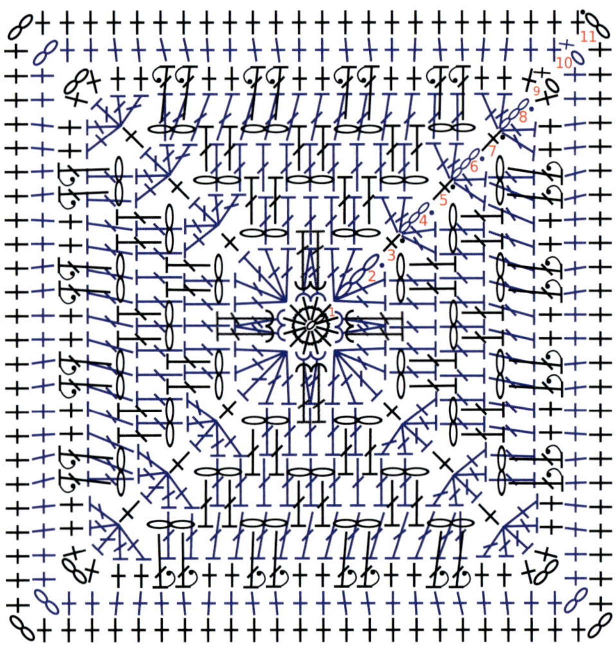

HINWEISE

- **1. Rd:** die Lm am Rd-Beginn wird nicht mitgezählt.

Besondere Masche: modifiziertes Stäbchen (mStb) – ein normales Stb mit einem zusätzlichen Schritt, um die oberen M am Quadrat zu fixieren.

Das Stb wie gewohnt mit einem U beginnen, die Nadeln in Lm-Zwr einstechen,eine Schlaufe durchziehen, U, durch 2 Schlaufen auf der Nadel ziehen, die Nadel in das vordere Maschenglied der vorigen Runde stechen und durch beide Schlaufen auf der Nadel ziehen.

Das Garn mit einer Anfangsschlaufe an der Nadel befestigen, 1 Lm, die M der 1. Rd in den 1-Lm-Zwr häkeln.

1. Rd: 1 Lm, 12 fM, mit Km in die 1. M verbinden. {12 M}

2. Rd: 3 Lm (Anfangs-Lm), 2 Stb in dieselbe M wie Km, *die nächsten 2 M durch hMg als Stb zus**, 4 Stb in die nächste M*, von * bis * 2 x wdh und von * bis ** 1 x wdh, 2 Stb in denselben Zwr wie die ersten M, mit Km in die 3. Lm der Anfangs-Lm verbinden. {24 M}

3. Rd: fM in dieselbe M wie Km, *2 Lm, 2 M der 2. Rd überspringen, Stb in vMg der nächsten 2 M der 1. Rd, 2 Lm, 3 M der 2. Rd überspringen**, fM in die nächste M*, von * bis * 2 x wdh und von * bis ** 1 x wdh, mit Km in die 1. M verbinden. {2 M, 2 2-Lm-Zwr auf jeder Seite; je 1 M in den Ecken}

4. Rd: 3 Lm (Anfangs-Lm), 2 Stb in dieselbe M wie Km, *(3 M und Lm-Zwr der Rd) überspringen, Stb in die nächsten 5 M der 2. Rd**, 5 Stb in die nächste M der 3. Rd*, von * bis * 2 x wdh und von * bis ** 1 x wdh, 2 Stb in denselben Zwr wie die ersten M, mit Km in die 3. Lm der Anfangs-Lm verbinden. {5 M auf jeder Seite; je 5 M in den Ecken}

5. Rd: fM in dieselbe M wie Km, *2 Lm, 2 M der 4. Rd überspringen, 2 Stb in 2-Lm-Zwr der 3. Rd, 2 Lm, 2 M der 3. Rd überspringen, 2 Stb in 2-Lm-Zwr der 3. Rd, 2 Lm, 2 M der 4. Rd überspringen**, fM in die nächste M der 4. Rd*, von * bis * 2 x wdh und von * bis ** 1 x wdh, mit Km in die 1. M verbinden. {4 M, 3 2-Lm-Zwr auf jeder Seite; je 1 M in den Ecken}

6. Rd: 3 Lm (Anfangs-Lm), 2 fM in dieselbe M wie Km, *(M und Lm-Zwr der 5. Rd überspringen), Stb in die nächsten 9 M der 4. Rd**, 5 Stb in die nächste M der 5. Rd*, von * bis * 2 x wdh und von * bis ** 1 x wdh, 2 Stb in denselben Zwr wie die ersten M, mit Km in die 3. Lm der Anfangs-Lm verbinden. {9 M auf jeder Seite; je 5 M in den Ecken}

7. Rd: fM in dieselbe M wie Km, *2 Lm, 2 M der 6. Rd überspringen, 2 x [2 Stb in 2-Lm-Zwr der 5. Rd, 2 Lm, 2 M der 5. Rd überspringen], 2 Stb in 2-Lm-Zwr der 5. Rd, 2 Lm, 2 M der 6. Rd überspringen**, fM in die nächste M der 6. Rd*, von * bis * 2 x wdh und von * bis ** 1 x wdh, mit Km in die 1. M verbinden. {6 M, 4 2-Lm-Zwr auf jeder Seite; je 1 M in den Ecken}

8. Rd: 3 Lm (Anfangs-Lm), 2 Stb in dieselbe M wie Km, *(M und Lm-Zwr der 7. Rd) überspringen, Stb in die nächsten 12 M der 6. Rd, 2 Stb in die nächste M**, 5 Stb in die nächste M der 7. Rd*, von * bis * 2 x wdh und von * bis ** 1 x wdh, 2 Stb in denselben Zwr wie die ersten M, mit Km in die 3. Lm der Anfangs-Lm verbinden {14 M auf jeder Seite; je 5 M in den Ecken}

9. Rd: fM in dieselbe M wie Km, *fM in die nächsten 2 M der 8. Rd, 4 x [2 mStb in 2-Lm-Zwr der 7. Rd und nächsten M der 8. Rd, fM in die nächsten 2 M der 8. Rd]**, (fM, 2 Lm, fM) in nächste M der 8. Rd*, von * bis * 2 x wdh und von * bis ** 1 x wdh, fM in denselben Zwr wie die 1. M, 1 Lm, mit fM in die 1. M verbinden. {20 M auf jeder Seite; je 1 2-Lm-Zwr in den Ecken}

10. Rd: fM auf die Verbindungs-fM, *fM in die nächsten 20 M**, (fM, 2 Lm, fM) in 2-Lm-Zwr*, von * bis * 2 x wdh und von * bis ** 1 x wdh, fM in denselben Zwr wie die 1. M, 1 Lm, mit fM in die 1. M verbinden. {22 M auf jeder Seite; je 1 2-Lm-Zwr in den Ecken}

11. Rd: fM auf die Verbindungs-fM, *fM in die nächsten 22 M**, (fM, 2 Lm, fM) in die nächste M*, von * bis * 2 x wdh und von * bis ** 1 x wdh, fM in denselben Zwr wie die 1. M, 2 Lm, mit Km in die 1. M verbinden. Abmaschen. {24 M auf jeder Seite; je 1 2-Lm-Zwr in den Ecken}

Erweitern

Nach der 7. Rd nicht fortfahren, sondern die 6. und 7. Rd so oft wie nötig wdh, dabei die Maschenzahl wie folgt erhöhen:

6. Rd: „... Stb in die nächsten # + 4 M der #.+ 2 Rd" {# + 4 M ...}

7. Rd: „... M der # Rd + 2 M überspringen, # + 1 x [..." {# + 2 M, # + 1 2-Lm-Zwr ...}

Dann die 8. Rd wie folgt arbeiten: „ ... Stb in die nächsten # M, dabei 2 M in die letzte M der vorvorigen Rd häkeln ..."

Dann die 9. Rd arbeiten, dabei [mStb] so oft wie erforderlich wdh, dann die restlichen Runden anfügen und eine M in jede M der vorigen Rd häkeln.

Bendigo Woollen Mills
100 % Baumwolle,
LL 485 m/200 g
1–2 Blush 811
3 Pomegranate 819
4 Peach 807
5 Daffodil 806
6 Honeydew 897
7 Kiwi 809
8 Sky 812
9–11 French Navy 814

Bendigo Woollen Mills
100 % Baumwolle,
LL 485 m/200 g
1–2, 4, 6 und 8 Glacier 818
3, 5, 7 und 9 Storm Cloud 827
10–11 Noir 817

Cascade Ultra Pima
1–4 Turquoise 3733
5–6 Aqua 3732
7–8 Ice 3736
9–11 Natural 3718

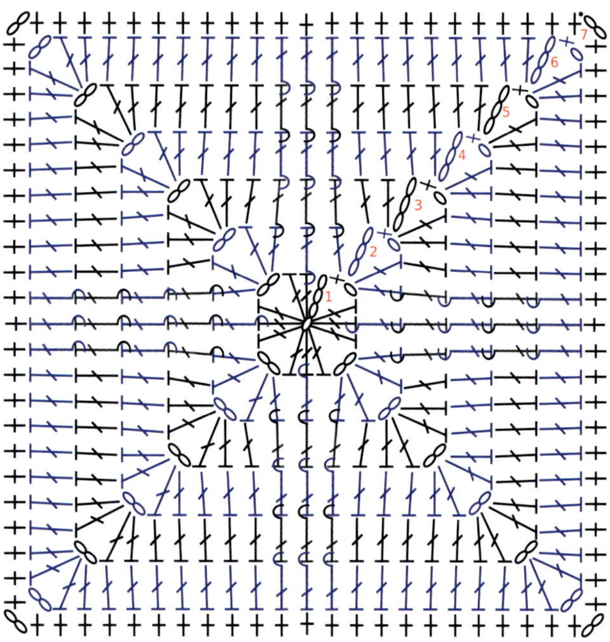

Killarney

etwa 35 m

TIPP

- **Die Schlaufe bei den vR lang ziehen, damit sich der Rand nicht verzieht.**

Das Garn mit einer Anfangsschlaufe an der Nadel befestigen, 1 Lm, die M der 1. Rd in den 1-Lm-Zwr häkeln.

1. Rd: 3 Lm (Anfangs-Lm), 2 Stb, *2 Lm, 3 Stb*, von * bis * 2 x wdh, 1 Lm, mit fM in die 3. Lm der Anfangs-Lm verbinden. {3 M auf jeder Seite; je 1 2-Lm-Zwr in den Ecken}

2. Rd: 3 Lm (Anfangs-Lm), Stb auf die Verbindungs-fM, *1 M überspringen, vRStb um die nächste M, 1 M überspringen**, (2 Stb, 2 Lm, 2 Stb) in 2-Lm-Zwr*, von * bis * 2 x wdh und von * bis ** 1 x wdh, 2 Stb in denselben Zwr wie die ersten M, 1 Lm, mit fM in die 3. Lm der Anfangs-Lm verbinden. {5 M auf jeder Seite; je 1 2-Lm-Zwr}

3. Rd: 3 Lm (Anfangs-Lm), Stb auf die Verbindungs-fM, *Stb in die nächste M, vRStb um die nächsten 3 M, Stb in die nächste M**, (2 Stb, 2 Lm, 2 Stb) in 2-Lm-Zwr*, von * bis * 2 x wdh und von * bis ** 1 x wdh, 2 Stb in denselben Zwr wie die ersten M, 1 Lm, mit fM in die 3. Lm der Anfangs-Lm verbinden. {9 M auf jeder Seite; je 1 2-Lm-Zwr in den Ecken}

4. Rd: 3 Lm (Anfangs-Lm), Stb auf die Verbindungs-fM, *Stb in die nächsten 3 M, vRStb un die nächsten 3 M, Stb in die nächsten 3 M**, (2 Stb, 2 Lm, 2 Stb) in 2-Lm-Zwr*, von * bis * 2 x wdh und von * bis ** 1 x wdh, 2 Stb in denselben Zwr wie die ersten M, 1 Lm, mit fM in die 3. Lm der Anfangs-Lm verbinden. {13 M auf jeder Seite; je 1 2-Lm-Zwr in den Ecken}

5. Rd: 3 Lm (Anfangs-Lm), Stb auf die Verbindungs-fM, *Stb in die nächsten 5 M, vRStb um die nächsten 3 M, Stb in die nächsten 5 M**, (2 Stb, 2 Lm, 2 Stb) in 2-Lm-Zwr*, von * bis * 2 x wdh und von * bis ** 1 x wdh, 2 Stb in denselben Zwr wie die ersten M, 1 Lm, mit fM in die 3. Lm der Anfangs-Lm verbinden. {17 M auf jeder Seite; je 1 2-Lm-Zwr in den Ecken}

6. Rd: 3 Lm (Anfangs-Lm), Stb auf die Verbindungs-fM, *Stb in die nächsten 7 M, vRStb um die nächsten 3 M, Stb in die nächsten 7 M**, (2 Stb, 2 Lm, 2 Stb) in 2-Lm-Zwr*, von * bis * 2 x wdh und von * bis ** 1 x wdh, 2 Stb in denselben Zwr wie die ersten M, 1 Lm, mit fM in die 3. Lm der Anfangs-Lm verbinden. {21 M auf jeder Seite; je 1 2-Lm-Zwr in den Ecken}

7. Rd: fM auf die Verbindungs-fM, *fM in die nächsten 21 M**, (fM, 2 Lm, fM) in 2-Lm-Zwr*, von * bis * 2 x wdh und von * bis ** 1 x wdh, fM in denselben Zwr wie die 1. M, 2 Lm, mit Km in die 1. M verbinden. Abmaschen. {23 M auf jeder Seite; je 1 2-Lm-Zwr in den Ecken}

Cascade Ultra Pima
1–2 Turquoise 3733
3–4 Aqua 3732
5–6 Ice 3736
7 Natural 3718

Great Ocean Road Woollen Mill 100 % Alpaka
1–3 Champagne
4–5 Toffee
6–7 Dark Brown

Erweitern

Nach der 6. Rd nicht fortfahren, sondern diese so oft wie nötig wdh, dabei die Maschenzahl wie folgt erhöhen:

6. Rd: „Stb in die nächsten # + 2 M ... Stb in die nächsten # + 2 M" {# + 4 M ...}

Dann die 7. Rd häkeln, dabei auf den Seiten in jede M eine M arbeiten.

Ollie

etwa 33 m

HINWEIS

- **5. Rd:** die Lm am Rd-Beginn wird nicht mitgezählt.

Das Garn mit einer Anfangsschlaufe an der Nadel befestigen, 1 Lm, die M der 1. Rd in den 1-Lm-Zwr häkeln.

1. Rd: 3 Lm (Anfangs-Lm), *1 Lm, Stb*, von * bis * 6 x wdh, mit fM in die 3. Lm der Anfangs-Lm verbinden. {8 M, 8 1-Lm-Zwr}

2. Rd: fM auf die Verbindungs-fM, *fM in die nächste M**, (fM, 2 Lm, fM) in 1-Lm-Zwr*, von * bis * 6 x wdh und von * bis ** 1 x wdh, fM in denselben Zwr wie die 1. M, 2 Lm, mit Km in die 1. M verbinden. {3 M auf jeder Seite; 8 2-Lm-Zwr}

3. Rd: 3 Lm (Anfangs-Lm), Stb in die nächsten 2 M, *2 Lm, 2-Lm-Zwr überspringen, Stb in die nächsten 3 M*, von * bis * 6 x wdh, 1 Lm, mit fM in die 3. Lm der Anfangs-Lm verbinden. {3 M auf jeder Seite; 8 2-Lm-Zwr}

4. Rd: fM auf die Verbindungs-fM, *fM in die nächsten 3 M**, (fM, 2 Lm, fM) in 2 Lm-Zwr*, von * bis * 6 x wdh und von * bis ** 1 x wdh, fM in denselben Zwr wie die 1. M, 1 Lm, mit fM in die 1. M verbinden. {5 M auf jeder Seite; 8 2-Lm-Zwr}

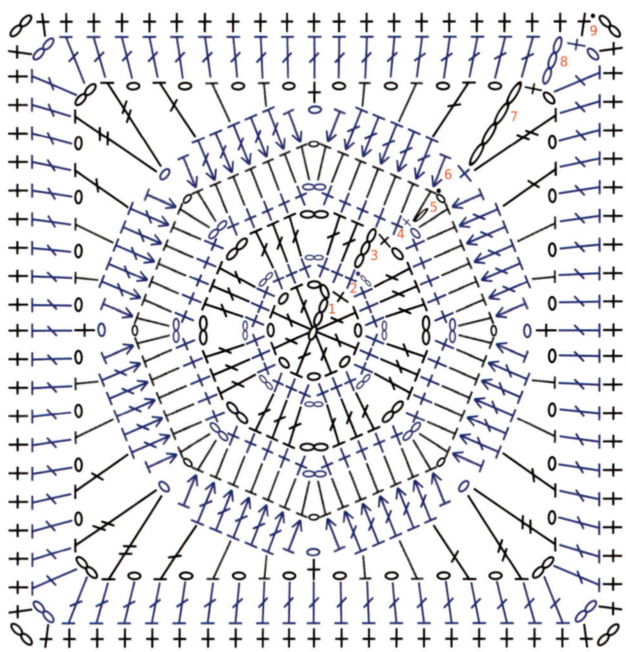

5. Rd: 1 Lm, hStb auf die Verbindungs-fM, *hStb in die nächsten 5 M**, (hStb, 1 Lm, hStb) in 2-Lm-Zwr*, von * bis * 6 x wdh und von * bis ** 1 x wdh, hStb in denselben Zwr wie die 1. M, 1 Lm, mit Km in die 1. M verbinden. {7 M auf jeder Seite; 8 1-Lm-Zwr}

6. Rd: hStb in hMg derselben M wie Km, *Stb in hMg der nächsten 5 M, hStb in hMg der nächsten M**, 1 Lm, 1-Lm-Zwr überspringen, hStb in hMg der nächsten M*, von * bis * 6 x wdh und von * bis ** 1 x wdh, mit fM in die 1. M verbinden. {7 M auf jeder Seite, 8 1-Lm-Zwr}

7. Rd: 4 Lm (Anfangs-Lm), *1 Lm, 1 M überspringen, Stb in die nächste M, 2 x [1 Lm, 1 M überspringen, hStb in die nächste M], 1 Lm, 1 M überspringen, fM in 1-Lm-Zwr, 2 x [1 Lm, 1 M überspringen, hStb in die nächste M], 1 Lm, 1 M überspringen, Stb in die nächste M, 1 Lm, 1 M überspringen**, (DStb, 2 Lm, DStb) in 1-Lm-Zwr*, von * bis * 2 x wdh und von * bis ** 1 x wdh, DStb in denselben Zwr wie die 1. M, 1 Lm, mit fM in die 4. Lm der Anfangs-Lm verbinden. {9 M, 8 1-Lm-Zwr auf jeder Seite; je 1 2-Lm-Zwr in den Ecken}

8. Rd: 3 Lm (Anfangs-Lm), *8 x [Stb in die nächste M, Stb in 1-Lm-Zwr], Stb in die nächste M**, (Stb, 2 Lm, Stb) in 2-Lm-Zwr*, von * bis * 2 x wdh und von * bis ** 1 x wdh, Stb in denselben Zwr wie die 1 M, 1 Lm, mit fM in die 3. Lm der Anfangs-Lm verbinden. {19 M auf jeder Seite; je 1 2-Lm-Zwr in den Ecken}

9. Rd: fM auf die Verbindungs-fM, *fM in die nächsten 19 M**, (fM, 2 Lm, fM) in 2-Lm-Zwr*, von * bis * 2 x wdh und von * bis ** 1 x wdh, fM in denselben Zwr wie die 1. M, 2 Lm, mit Km in die 1. M verbinden. Abmaschen. {21 M auf jeder Seite; je 1 2-Lm-Zwr in den Ecken}

Bendigo Woollen Mills
100 % Baumwolle,
LL 485 m/200 g
1–5 Glacier 818
6 Grey Wisp 826
7–9 Storm Cloud 827

Cascade Ultra Pima
1–3 Turquoise 3733
4–5 Aqua 3732
6–7 Ice 3736
8–9 Natural 3718

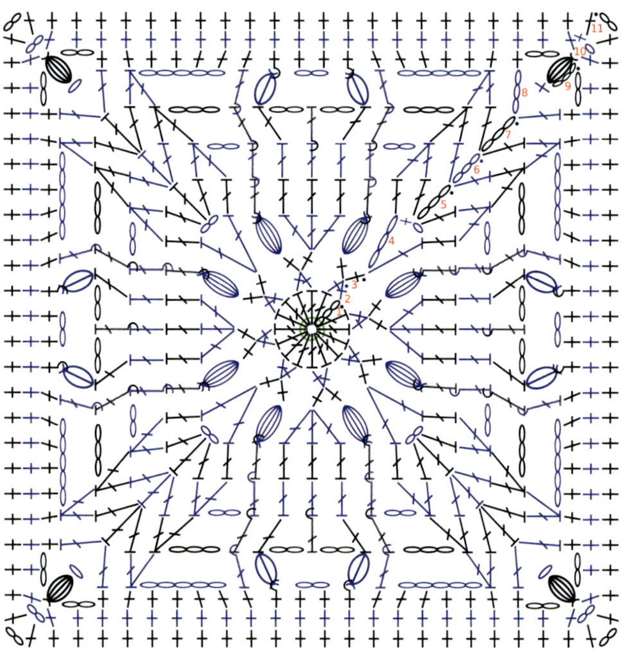

Iron Lace

etwa 44 m

HINWEIS

- **9. Rd:** die 3 Lm (Anfangs-Lm) und 4-StbN werden als eine 5-StbN gezählt.

Mit einem MR oder 4 Lm beginnen und die letzte Lm mit einer Km an die 1. M zu einem Ring verbinden.

1. Rd: 3 Lm (Anfangs-Lm), 15 Stb, mit Km in die 3. Lm der Anfangs-Lm verbinden. {16 M}

2. Rd: 8 x (die nächsten 2 M als fM zus), mit Km in die 1. M verbinden. {8 M}

3. Rd: 2 fM in dieselbe M wie Km, 2 fM in die nächsten 7 M, mit Km in die 1. M verbinden. {16 M}

4. Rd: 3 Lm (Anfangs-Lm), *N in nächste M, 3 Stb in nächste M, N in nächste M)**, (Stb, 2 Lm, Stb) in die nächste M*, von * bis * 2 x wdh und von * bis ** 1 x wdh, Stb in dieselbe M wie die 1. M, 1 Lm, mit fM in die 3. Lm der Anfangs-Lm verbinden. {7 M auf jeder Seite; je 1 2-Lm-Zwr in den Ecken}

5. Rd: 3 Lm (Anfangs-Lm), Stb auf die Verbindungs-fM, *Stb in die nächste M, vRStb um die nächste M, Stb in die nächsten 3 M, vRStb um die nächste M, Stb in die nächste M**, 3 Stb in 2-Lm-Zwr*, von * bis * 2 x wdh und von * bis ** 1 x wdh, Stb in denselben Zwr wie die ersten M, mit Km in die 3. Lm der Anfangs-Lm verbinden. {7 M auf jeder Seite; je 3 M in den Ecken}

6. Rd: 3 Lm (Anfangs-Lm), Stb in dieselbe M wie Km, *die nächsten 2 M als Stb zus, 2 Lm, vRStb um die nächste M, Stb in die nächsten 3 M, vRStb um die nächste M, 2 Lm, 2 M als Stb zus**, 3 Stb in die nächste M*, von * bis 2 x wdh und von * bis ** 1 x wdh, Stb in dieselbe M wie die 1. M, mit Km in die 3. Lm der Anfangs-Lm verbinden. {7 M, 2 Lm-Zwr auf jeder Seite; je 3 M in den Ecken}

7- Rd: 3 Lm (Anfangs-Lm), Stb in dieselbe M wie Km *2 M als Stb zus, 3 Lm, 2-Lm-Zwr überspringen, vRStb um die nächste M, Stb in die nächste M, 2 Lm, vRStb um die nächste M, 2 Lm, Stb in die nächste M, vRStb um die nächste M, 3 Lm, 2-Lm-Zwr überspringen, die nächsten 2 M als Stb zus**, 3 Stb in die nächste M*, von * bis * 2 x wdh und von * bis ** 1 x wdh, Stb in dieselbe M wie die ersten M, mit Km in die 3. Lm der Anfangs-Lm verbinden. {7 M, 2 2-Lm-Zwr, 2 3-Lm-Zwr auf jeder Seite; je 3 M in den Ecken}

8. Rd: 3 Lm (Anfangs-Lm), *2 M als Stb zus, 5 Lm, 3-Lm-Zwr überspringen, vRStb um die nächste M, 3 StbN in die nächste M, 2 Lm, (2-Lm-Zwr, 1 M und 2-Lm-Zwr) überspringen, 3-StbN in die nächste M, vRStb um die nächste M, 5 Lm, 3-Lm-Zwr überspringen, die nächsten 2 M als Stb zus**, (Stb, 1 Lm, Stb) in die nächste M*, von * bis * 2 x wdh und von * bis ** 1 x wdh, Stb in denselben Zwr wie die 1. M, mit fM in die 3. Lm der Anfangs-Lm verbinden. {8 M, 2 5-Lm-Zwr, 1 2-Lm-Zwr auf jeder Seite; je 1-Lm-Zwr in den Ecken}

9. Rd: 3 Lm (Anfangs-Lm), 4-StbN auf die Verbindungs-fM, *2 Lm, fM in die nächsten 2 M, 4 fM in 5-Lm-Zwr, fM in die nächste M, vRStb um die nächste M, 2 fM in 2-Lm-Zwr, vRStb um die nächste M, fM in die nächste M, 4 fM in 5-Lm-Zwr, fM in die nächsten 2 M, 2 Lm**, N in 1-Lm-Zwr*, von * bis * 2 x wdh und von * bis ** 1 x wd, mit Km in die 1. M verbinden {18 M, 2 2-Lm-Zwr auf jeder Seite; je 1 M in den Ecken}

10. Rd: fM in dieselbe M wie Km, *fM in 2-Lm-Zwr, fM in die nächsten 18 M, fM in 2-Lm-Zwr**, (fM, 2 Lm, fM) in die nächste M*, von * bis * 2 x wdh und von * bis ** 1 x wdh, fM in dieselbe M wie die 1. M, 1 Lm, mit fM in die 1. M verbinden. {22 M auf jeder Seite; je 1 2-Lm-Zwr in den Ecken}

11. Rd: fM auf die Verbindungs-fM, *fM in die nächsten 22 M**, (fM, 2 Lm, fM) in 2-Lm-Zwr*, von * bis * 2 x wdh und von * bis ** 1 x wdh, fM in denselben Zwr wie die 1. M, 2 Lm, mit Km in die 1. M verbinden. Abmaschen. {24 M auf jeder Seite; je 1 2-Lm-Zwr in den Ecken}

Emilys Iron Lace 1
Stylecraft Special
100 % Acryl, LL 295 m/100 g
1 Lemon
2–4 Sunshine
5 Apricot
6 Candyfloss
7 Fondant
8 Clematis
9 Cloud Blue
10 Sherbet
11 Spring Green
Zusätzliche Runde Aspen
www.theloopystitch.com

Emilys Iron Lace 2
Stylecraft Special
100 % Acryl, LL 295 m/100 g
1–3 und 9 Boysenberry
4 und 10 Plum
5 Duck Egg
6 Sage
7 Petrol
8 und 11 Parchment
www.theloopystitch.com

Cascade Ultra Pima
1–4 Turquoise 3733
5–8 Aqua 3732
9 Ice 3736
10–11 Natural 3718

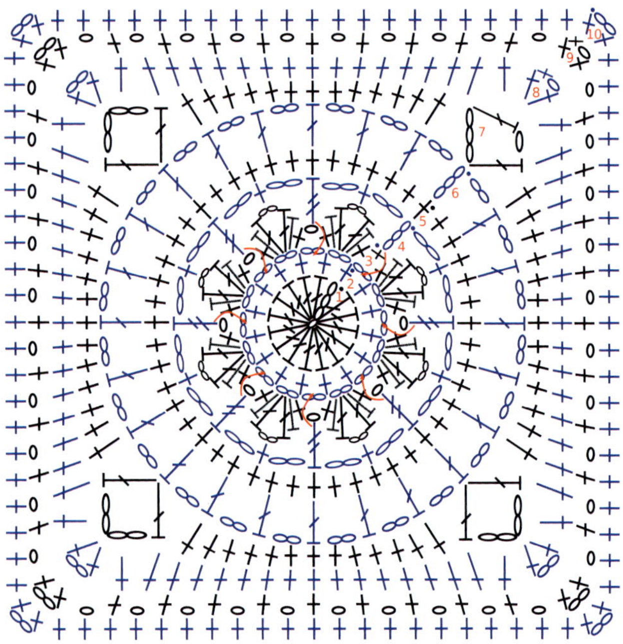

Solomon

etwa 32 m

Mit einem MR oder 4 Lm beginnen und die letzte Lm mit einer Km an die 1. M zu einem Ring verbinden.

1. Rd.: 3 Lm (Anfangs-Lm), 15 Stb, mit Km in die 3. Lm der Anfangs-Lm verbinden. {16 M}

2. Rd: fM in dieselbe M wie Km, *2 Lm, fM in die nächste M*, von * bis * 14 x wdh, 2 Lm, mit Km in die 1. M verbinden. {16 M, 16 2-Lm-Zwr}

3. Rd.: *fM, hStb, Stb, 2 Lm, Stb, hStb, fM in 2-Lm-Zwr**, 1 Lm, (1 M, 2-Lm-Zwr und 1 M) überspringen*, von * bis * 6 x wdh und von * bis ** 1 x wdh, mit fM in die 1. M verbinden. {48 M, 8 1-Lm-Zwr, 8 2-Lm-Zwr}

4. Rd: Km auf die Verbindungs-fM und 2-Lm-Zwr der 2. Rd, 3 Lm (Anfangs-Lm), *2 Lm, 3 M überspringen, fM in 2-Lm-Zwr, 2 Lm, 3 M überspringen**, hDStb in 1-Lm-Zwr der 3. Rd und 2-Lm-Zwr der 2. Rd*, von * bis * 6 x wdh und von * bis ** 1 x wdh, mit Km in die 3. Lm der Anfangs-Lm verbinden. {16 M, 16 2-Lm-Zwr}

5. Rd: fM in dieselbe M wie Km, *2 fM in 2-Lm-Zwr**, fM in die nächste M*, von * bis * 14 x wdh und von * bis ** 1 x wdh, mit Km in die 1. M verbinden. {48 M}

6. Rd: 3 Lm (Anfangs-Lm), *2 Lm, 1 M überspringen**, fM in die nächste M*, von * bis * 22 x wdh und von * bis ** 1 x wdh, mit Km in die 3. Lm der Anfangs-Lm verbinden. {24 M, 24 2-Lm-Zwr}

7. Rd: 3 Lm (Anfangs-Lm), *2-Lm-Zwr überspringen, 4 x [fM in die nächste M, 2 fM in 2-Lm-Zwr], fM in die nächste M, 2 Lm-Zwr überspringen**, (Stb, 4 Lm, Stb) in die nächste M*, von * bis * 2 x wdh und von * bis ** 1 x wdh, Stb in denselben Zwr wie die 1. M, 1 Lm, mit Stb in die 3. Lm der Anfangs-Lm verbinden. {15 M auf jeder Seite; je 4-Lm-Zwr in den Ecken}

8. Rd: 2 fM auf das Verbindungs-Stb, *fM in die nächsten 15 M**, (2 fM, 2 Lm, 2 fM) in 4-Lm-Zwr*, von * bis * 2 x wdh und von * bis ** 1 x wdh, 2 fM in denselben Zwr wie die ersten M, 1 Lm mit fM in die 1. M verbinden. {19 M auf jeder Seite; je 1 2-Lm-Zwr in den Ecken}

9. Rd: fM auf die Verbindungs-fM, *9 x [1 Lm, 1 M überspringen, fM in die nächste M], 1 Lm, 1 M überspringen**, (fM, 2 Lm, fM) in 2-Lm-Zwr*, von * bis * 2 x wdh und von * bis ** 1 x wdh, fM in denselben Zwr wie die 1. M, 1 Lm, mit fM in die M verbinden. {11 M, 10 1-Lm-Zwr auf jeder Seite; je 1 2-Lm-Zwr in den Ecken}

10. Rd: fM auf die Verbindungs-fM, *10 x [fM in die nächste M, fM in 1-Lm-Zwr], fM in die nächste M**, (fM, 2 Lm, fM) in 2-Lm-Zwr*, von * bis * 2 x wdh und von * bis ** 1 x wdh, fM in denselben Zwr wie die 1. M, 2 Lm, mit Km in die 1. M verbinden. Abmaschen. {23 M auf jeder Seite; je 1 2-Lm-Zwr in den Ecken}

Cascade Ultra Pima
1–2 Turquoise 3733
3 Aqua 3732
4–6 Ice 3736
7–10 Natural 3718

Paintbox 100 % Baumwolle, LL 125 m/50 g
1–2 und 4–6 Lipstick Pink 452
3 Raspberry Pink 444
7–10 Kingfisher Blue 435

Valentina

etwa 42 m

Mit einem MR oder 4 Lm beginnen und die letzte Lm mit einer Km an die 1. M zu einem Ring verbinden.

1. Rd: 4 Lm (Anfangs-Lm), 3 DStb, *3 Lm, 4 DStb*, von * bis * 2 x wdh, 1 Lm, mit hStb in die 4. Lm der Anfangs-Lm verbinden. {4 auf jeder Seite; je 1 3-Lm-Zwr in den Ecken}

2. Rd: 4 Lm (Anfangs-Lm), *3 Lm, die nächsten 4 M als DStb zus**, (DStb, 6 Lm, DStb) in 3-Lm-Zwr*, von * bis * 2 x wdh und von * bis ** 1 x wdh, DStb in denselben Zwr wie die 1. M, 2 Lm, mit Stb in die 4. Lm der Anfangs-Lm verbinden. {3 M, 2 3-Lm-Zwr auf jeder Seite; je 1 6-Lm-Zwr in den Ecken}

3. Rd: 4 Lm (Anfangs-Lm), 4 DStb auf die Verbindungs-fM, *(1 M und 3-Lm-Zwr) überspringen, fM in die nächste M, (3-Lm-Zwr und 1 M) überspringen**, (5 DStb, 3 Lm, 5 DStb) in 6-Lm-Zwr*, von * bis * 2 x wdh und von * bis ** 1 x wdh, 5 DStb in denselben Zwr wie die ersten M, 1 Lm, mit hStb in die 4. Lm der Anfangs-Lm verbinden. {11 M auf jeder Seite; je 1 3-Lm-Zwr in den Ecken}

4. Rd: fM auf das Verbindungs-hStb, *hRhStb um die nächsten 3 M, hRStb um die nächsten 2 M, hRDStb um die nächste M, hRStb um die nächsten 2 M, hRhStb um die nächsten 3 M**, (fM, 2 Lm, fM) in 3-Lm-Zwr*, von * bis * 2 x wdh und von * bis ** 1 x wdh, fM in denselben Zwr wie die 1. M, 1 Lm, mit fM in die 1. M verbinden. {13 M auf jeder Seite; je 1 2-Lm-Zwr in den Ecken}

5. Rd: 3 Lm (Anfangs-Lm), 4 Stb auf die Verbindungs-fM, *2 M überspringen, fM in die nächste M, 2 M überspringen, 5 Stb in die nächste M, 1 M überspringen, 5 Stb in die nächste M, 2 M überspringen, fM in die nächste M, 2 M überspringen**, (5 Stb, 2 Lm, 5 Stb) in 2-Lm-Zwr*, von * bis * 2 x wdh und von * bis ** 1 x wdh, 5 Stb in denselben Zwr wie die ersten M, 1 Lm, mit fM in die 3. Lm der Anfangs-Lm verbinden. {22 M auf jeder Seite; je 1 2-Lm-Zwr in den Ecken}

6. Rd: fM auf die Verbindungs-fM, *hRhStb um die nächsten 3 M, hRStb um die nächsten 2 M, hRhDStb um die nächste M, hRStb um die nächsten 2 M, hRhStb um die nächsten 3 M, fM zwischen der letzten und nächsten M, hRhStb um die nächsten 3 M, hRStb um die nächsten 2 M, hRDStb um die nächste M, hRStb um die 2 nächsten M, hRhStb um die nächsten 3 M**, (fM, 2 Lm, fM) in 2-Lm-Zwr*, von * bis * 2 x wdh und von * bis ** 1 x wdh, fM in denselben Zwr wie die 1. M, 1 Lm, mit fM in die 1. M verbinden. {25 M auf jeder Seite; je 1 2-Lm-Zwr in den Ecken}

7. Rd: fM auf die Verbindungs-fM, *fM in die nächsten 25 M**, (fM, 2 Lm, fM) in 2-Lm-Zwr*, von * bis * 2 x wdh und von * bis ** 1 x wdh, fM in denselben Zwr wie die 1. M, 2 Lm, mit Km in die 1. M verbinden. Abmaschen. {27 M auf jeder Seite; je 1 2-Lm-Zwr in den Ecken}

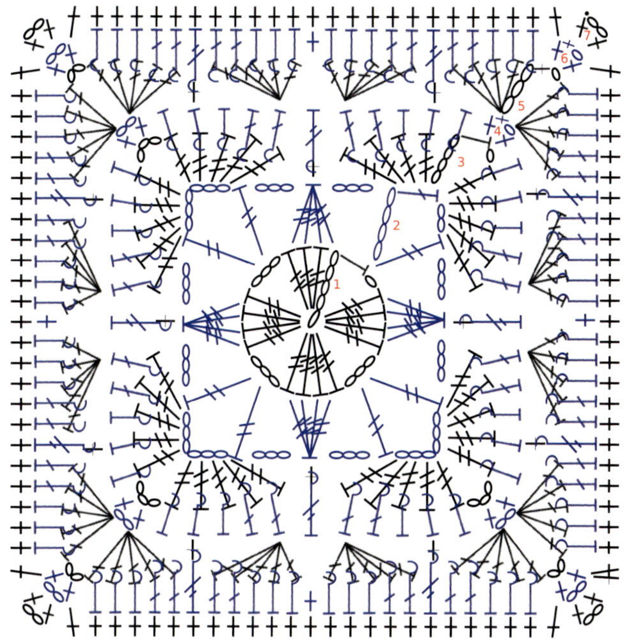

King Cole Cottonsoft, 100 % Baumwolle, LL 210 m/100 g
1 und 4–5 Violet 717
2–3 und 6–7 Orchid 3033

Paintbox 100 % Baumwolle, LL 125 m/50 g
1–2 Washed Teal 433
3–5 Banana Cream 421
6–7 Soft Fudge 410

Cascade Ultra Pima
1–2 Turquoise 3733
3 Aqua 3732
4–5 Ice 3736
6–7 Natural 3718

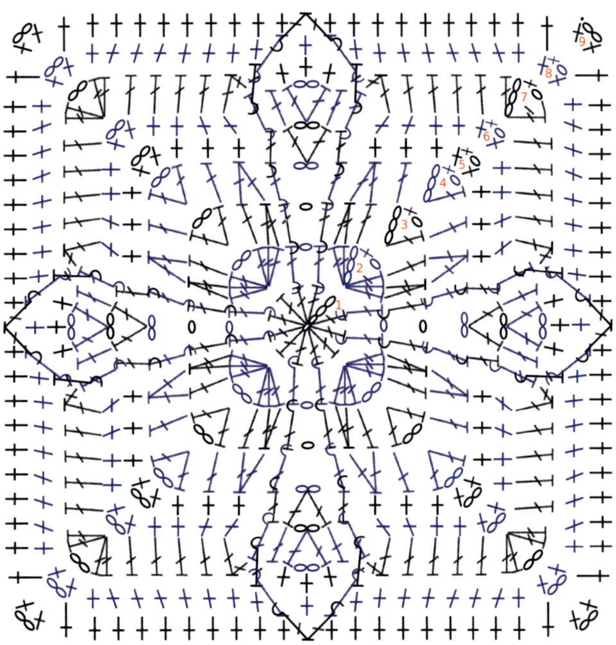

Kreis

etwa 40 m

Das Garn mit einer Anfangsschlaufe an der Nadel befestigen, 1 Lm, die M der 1. Rd in den 1-Lm-Zwr häkeln.

1. Rd: 3 Lm (Anfangs-Lm), 11 Stb, mit Km in die 3. Lm der Anfangs-Lm verbinden. {12 M}

2. Rd: 3 Lm (Anfangs-Lm), 2 Stb in denselben Zwr wie Km, *vRStb um die nächste M, 1 Lm, vRStb um die nächste M**, (3 Stb, 2 Lm, 2 Stb) in die nächste M*, von * bis * 2 x wdh und von * bis ** 1 x wdh, 3 Stb in denselben Zwr wie die ersten M, 1 Lm, mit fM in die 3. Lm der Anfangs-Lm verbinden. {8 M, 1 1-Lm-Zwr auf jeder Seite; je 1 2-Lm-Zwr in den Ecken}

3. Rd: 3 Lm (Anfangs-Lm), *Stb in die nächste M, die nächsten 2 M als Stb zus, vRStb um die nächste M, 1 Lm, 1-Lm-Zwr überspringen, vRStb um die nächste M, die nächsten 2 M als Stb zus, fM in die nächste M**, (Stb, 2 Lm, Stb) in 2-Lm-Zwr*, von * bis * 2 x wdh und von * bis ** 1 x wdh, Stb in denselben Zwr wie die 1. M, 1 Lm, mit fM in die 3. Lm der Anfangs-Lm verbinden. {8 M, 1 1-Lm-Zwr auf jeder Seite; je 1 2-Lm-Zwr in den Ecken}

4. Rd: 3 Lm (Anfangs-Lm), *fM in die nächste M, die 2 nächsten M als Stb zus, vRStb um die nächste M, 2 Lm, 1-Lm-Zwr überspringen, vRStb um die nächste M, die nächsten 2 M als Stb zus, fM in die nächste M**, (Stb, 2 Lm, Stb) in 2-Lm-Zwr*, von * bis * 2 x wdh und von * bis ** 1 x wdh, fM in denselben Zwr wie die 1. M, 1 Lm, mit fM in die 3. Lm der Anfangs-Lm verbinden. {8 M, 1 2-Lm-Zwr auf jeder Seite; je 1 2-Lm-Zwr in den Ecken}

5. Rd: fM auf die Verbindungs-fM, *fM in die nächsten 3 M, vRStb um die nächste M, (Stb, 2 Lm, Stb) in 2-Lm-Zwr, vRStb um die nächste M, fM in die nächsten 3 M**, (fM, 2 Lm, fM) in 2-Lm-Zwr*, von * bis * 2 x wdh und von * bis ** 1 x wdh, fM in denselben Zwr wie die 1. M, 1 Lm, mit fM in die 1. M verbinden. {12 M, 1 2-Lm-Zwr auf jeder Seite; je 1 2-Lm-Zwr in den Ecken}

6. Rd: fM auf die Verbindungs-fM, *fM in die nächsten 4 M, vRStb um die nächste M, Stb in die nächste M, (Stb, 2 Lm, Stb) in 2-Lm-Zwr, Stb in die nächste M, vRStb um die nächste M, fM in die nächsten 4 M**, (fM, 2 Lm, fM) in 2-Lm-Zwr*, von * bis * 2 x wdh und von * bis ** 1 x wdh, fM in denselben Zwr wie die 1. M, 1 Lm, mit fM in die 1. M verbinden. {16 M, 1 2-Lm-Zwr auf jeder Seite; je 1 2-Lm-Zwr in den Ecken}

7. Rd: 3 Lm (Anfangs-Lm), Stb auf die Verbindungs-fM, *Stb in die nächsten 4 M, die nächsten 2 M als Stb zus, vRStb um dieselbe M, 1 M überspringen, fM in die nächste M, fM in 2-Lm-Zwr, fM in die nächste M, 1 M überspringen, vRStb um die nächste M, diese und die nächste M als Stb zus, Stb in die nächsten 4 M**, (2 Stb, 2 Lm, 2 Stb) in 2-Lm-Zwr*, von * bis * 2 x wdh und von * bis ** 1 x wdh, 2 fM in denselben Zwr wie die ersten M, 1 Lm, mit fM in die 3. Lm der Anfangs-Lm verbinden. {19 M auf jeder Seite; je 1 2-Lm-Zwr in den Ecken}

8. Rd: fM auf die Verbindungs-fM, *fM in die nächsten 8 M, vRhStb um die letzte M, 1 M überspringen, fM in die nächste M, 1 M überspringen, vRhStb um die nächste M, fM in die letzte M, fM in die nächsten 7 M**, (fM, 2 Lm, fM) in 2-Lm-Zwr*, von * bis * 2 x wdh und von * bis ** 1 x wdh, fM in denselben Zwr wie die 1. M, 1 Lm, mit fM in die 1. M verbinden. {21 M auf jeder Seite; je 1 2-Lm-Zwr in den Ecken}

9. Rd: fM auf die Verbindungs-fM, *fM in die nächsten 10 M, die 2 nächsten Rm als vRStb zus und die M dazwischen überspringen, fM in die letzte M, fM in die nächsten 9 M**, (fM, 2 Lm, fM) in 2-Lm-Zwr*, von * bis * 2 x wdh und von * bis ** 1 x wdh, fM in denselben Zwr wie die 1. M, 2 Lm, mit Km in die 1. M verbinden. Abmaschen. {23 M auf jeder Seite; je 1 2-Lm-Zwr in den Ecken}

Bendigo Woollen Mills
100 % Baumwolle,
LL 485 m/200 g
1–9 French Navy 814

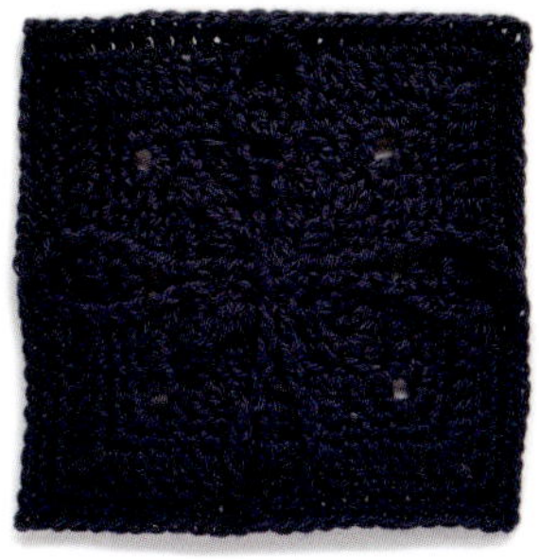

Cascade Ultra Pima
1–3 Turquoise 3733
4–6 Aqua 3732
7–8 Ice 3736
9 Natural 3718

Bulaklak

etwa 49 m

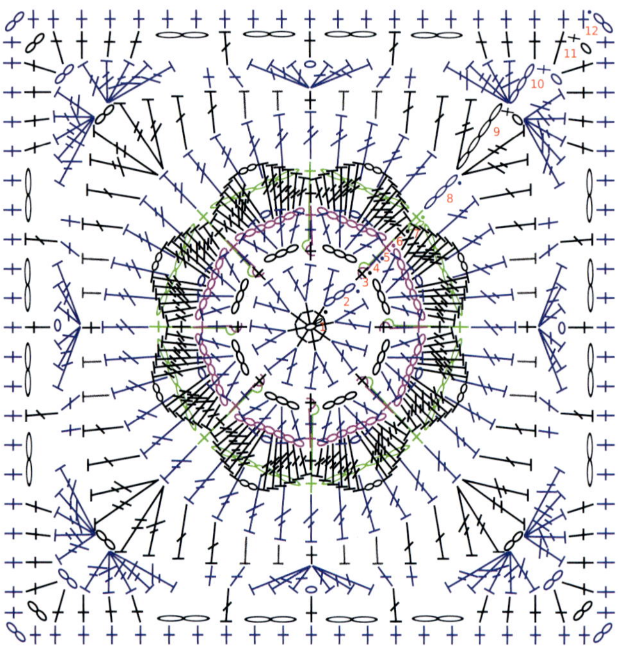

HINWEIS

- **1., 5. und 7. Rd:** die Lm am Rd-Beginn werden nicht mitgezählt.

Das Garn mit einer Anfangsschlaufe an der Nadel befestigen, 1 Lm, die M der 1. Rd in den 1-Lm-Zwr häkeln.

1. Rd: 1 Lm, 8 fM, mit Km in die 1. M verbinden. {8 M}

2. Rd: 3 Lm (Anfangs-Lm), fM in dieselbe M wie Km, 2 fM in die nächsten 7 M, mit Km in die 3. Lm der Anfangs-Lm verbinden. {16 M}

3. Rd: fM in dieselbe M wie Km, *3 Lm, 1 M überspringen, fM in die nächste M*, von * bis * 6 x wdh, 3 Lm mit Km in die 1. M verbinden. {8 M, 8 3-Lm-Schlaufen}

4. Rd: fM in dieselbe M wie Km, *(2 Stb, 1 Lm, 2 Stb) in 3-Lm-Zwr**, fM in die nächste M*, von * bis * 6 x wdh und von * bis ** 1 x wdh, mit Km in die 1. M verbinden. {40 M; 8 1-Lm-Zwr}

5. Rd: 1 Lm, hRfM um die M der 3. Rd, *7 Lm, (2 M, 1-Lm-Zwr und 2 M) überspringen**, hRfM um die M der 3. Rd*, von * bis * 6 x wdh und von * bis ** 1 x wdh, mit Km in die 1. M verbinden. {8 M, 8 7-Lm-Zwr}

6. Rd: fM in dieselbe M wie Km, *(2 Stb, 2 hDStb, 2 DStb, 2 Lm, 2 DStb, 2 hDStb, 2 Stb) in 7-Lm-Zwr**, fM in die nächste M*, von * bis * 6 x wdh und von * bis ** 1 x wdh, mit Km in die 1. M verbinden. {104 M, 8 2-Lm-Zwr}

7. Rd: 2 Lm, hRfM um die M der 3. Rd, *4 Lm, (6 M, 2-Lm-Zwr und 6 M) überspringen**, hRfM um die M der 3. Rd*, von * bis * 6 x wdh und von * bis ** 1 x wdh, mit Km in die 1. M verbinden. {8 M, 8 4-Lm-Zwr}

8. Rd: 3 Lm (Anfangs-Lm), *4 hDStb in 4-Lm-Zwr**, hDStb in die nächste M*, von * bis * 6 x wdh und von * bis ** 1 x wdh, mit Km in die 3. Lm der Anfangs-Lm verbinden. {40 M}

9. Rd: 4 Lm (Anfangs-Lm), hDStb in dieselbe M wie Km, *Stb in die nächsten 2 M, hStb in die nächsten 2 M, fM in die nächste M, hStb in die nächsten 2 M, Stb in die nächsten 2 M**, (hDStb, DStb, 2 Lm, DStb, hDStb) in die nächste M*, von * bis * 2 x wdh und von * bis ** 1 x wdh, (hDStb, DStb) in denselben Zwr wie die ersten M, 1 Lm, mit fM in die 4. Lm der Anfangs-Lm verbinden. {13 M auf jeder Seite; je 1 2-Lm-Zwr in den Ecken}

10. Rd: 3 Lm (Anfangs-Lm), 4 hDStb auf die Verbindungs-fM, *3 M überspringen, fM in die nächsten 2 M, 1 M überspringen, (3 Stb, 1 Lm, 3 Stb) in die nächste M, 1 M überspringen, fM in die nächsten 2 M, 3 M überspringen**, (5 hDStb, 2 Lm, 5 hDStb) in 2-Lm- Zwr*, von * bis * 2 x wdh und von * bis ** 1 x wdh, 3 hDStb in denselben Zwr wie die ersten M, 1 Lm, mit fM in die 3. Lm der Anfangs-Lm verbinden. {20 M, 1 1-Lm-Zwr auf jeder Seite; je 1 2-Lm-Zwr in den Ecken}

11. Rd: fM auf die Verbindungs-fM, *fM in die nächsten 3 M, 2 Lm, 3 M überspringen, Stb in die nächste M, 2 Lm, 3 M überspringen, fM in 1-Lm-Zwr, 2 Lm, 3 M überspringen, Stb in die nächste M, 2 Lm, 3 M überspringen, fM in die nächsten 3 M**, (fM, 2 Lm, fM) in 2-Lm-Zwr*, von * bis * 2 x wdh und von * bis ** 1 x wdh, fM in denselben Zwr wie die 1. M, 1 Lm, mit fM in die 1. M verbinden. {11 M, 4 2-Lm-Zwr auf jeder Seite; je 1 2-Lm-Zwr in den Ecken}

12. Rd: fM auf die Verbindungs-fM, *fM in die nächsten 4 M, 3 x [2 fM in 2-Lm-Zwr, fM in die nächste M], 2 fM in 2-Lm-Zwr, fM in die nächsten 4 M**, (fM, 2 Lm, fM) in 2-Lm-Zwr*, von * bis * 2 x wdh und von * bis ** 1 x wdh, fM in denselben Zwr wie die 1. M, 2 Lm, mit Km in die 1. M verbinden. Abmaschen. {21 M auf jeder Seite; je 1 2-Lm-Zwr in den Ecken}

Bendigo Woollen Mills
100 % Baumwolle,
LL 670 m/200 g
1–2 Daffodil 806
3–7 Pomegranate 819
8–10 Kiwi 809
11–12 Parchment 816

Alias Bulaklak
Scheepjes Catona,
100 % Baumwolle,
LL 125 m/50 g
1–3 Lemon 280
4 Tulip 222
5–7 Shocking Pink 114
8–10 Apple Green 513
11–12 Tropic 253
www.thelittlebee.co.nz

Cascade Ultra Pima
1–3 Turquoise 3733
4–7 Aqua 3732
8–10 Ice 3736
11–12 Natural 3718

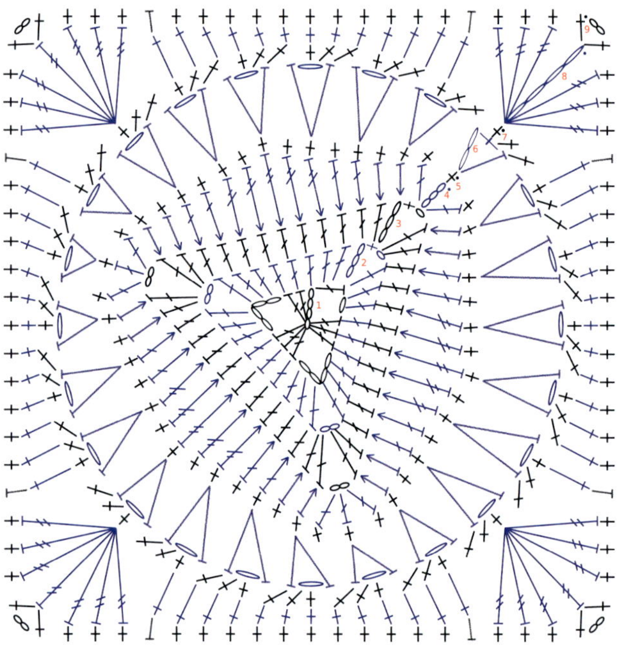

Cascade Ultra Pima
1–3 Turquoise 3733
4–5 Aqua 3732
6–7 Ice 3736
8–9 Natural 3718

Mariannes Quion
1 Yellow Katia Capri 82118
2 und 8 Bright Pink Durable Coral 236
3 Light Pink Durable Coral 203
4–6 Off-White Durable Coral 326
7 Bright Green Katia Capri 82105
9 Bright Blue Katia Capri 82101

Quion

etwa 35 m

Das Garn mit einer Anfangsschlaufe an der Nadel befestigen, 1 Lm, die M der 1. Rd in den 1-Lm-Zwr häkeln.

1. Rd: 3 Lm (Anfangs-Lm), 2 Stb, *4 Lm, 3 Stb*, von * bis * 1x wdh, 1 Lm, mit Stb in die 3. Lm der Anfangs-Lm verbinden. {3 M auf jeder Seite; 3 Ecken mit 4-Lm-Zwr}

2. Rd: 3 Lm (Anfangs-Lm), 2 Stb in das Verbindungs-Stb, *Stb in die nächsten 3 M**, (3 Stb, 2 Lm, 3 Stb) in 4-Lm-Zwr*, von * bis * 1x wdh und von * bis ** 1x wdh, 3 Stb in denselben Zwr wie die ersten M, 1 Lm, mit fM in die 3. Lm der Anfangs-Lm verbinden. {9 M auf jeder Seite; 3 Ecken mit 2-Lm-Zwr}

3. Rd: 3 Lm (Anfangs-Lm), Stb auf die Verbindungs-fM, *Stb in die nächsten 9 M**, (2 Stb, 2 Lm, 2 Stb) in 2-Lm-Zwr*, von * bis * 1x wdh und von * bis * 1x wdh, 2 Stb in denselben Zwr wie die ersten M, 1 Lm, mit fM in die 3. Lm der Anfangs-Lm verbinden. {13 M auf jeder Seite; 3 Ecken mit 2-Lm-Zwr}

4. Rd: 3 Lm (Anfangs-Lm), Stb auf die Verbindungs-fM, *hStb in hMg der nächsten 2 M, Stb in hMg der nächsten 2 M, hDStb in hMg der nächsten 2 M, DStb in hMg der nächsten M, hDStb in hMg der nächsten 2 M, Stb in hMg der nächsten 2 M, hStb in hMg der nächsten 2 M**, 3 Stb in 2-Lm-Zwr*, von * bis * 1x wdh und von * bis ** 1x wdh, Stb in denselben Zwr wie die ersten M, mit Km in die 3. Lm der Anfangs-Lm verbinden. {48 M}

5. Rd: fM in dieselbe M wie Km, fM in die nächsten 47 M, mit Km in die 1. M verbinden. {48 M}

6. Rd: 2 Lm (Anfangs-Lm), *1 M überspringen**, (hStb, 1 Lm, hStb) in die nächste M*, von * bis * 22x wdh und von * bis ** 1x wdh, hStb in dieselbe M wie Km, mit fM in die 2. Lm der Anfangs-Lm verbinden. {48 M, 24 1-Lm-Zwr}

7. Rd: fM auf die Verbindungs-fM, *1 M überspringen, fM in die nächste M**, 2 fM in 1-Lm-Zwr*, von * bis * 22x wdh und von * bis ** 1x wdh, fM in denselben Zwr wie die 1. M, mit Km in die 1. M verbinden. {72 M}

8. Rd: 4 Lm (Anfangs-Lm), 3 DStb in dieselbe M wie Km, *2 M überspringen, fM in die nächsten 13 M, 2 M überspringen**, 7 DStb in die nächste M*, von * bis * 2x wdh und von * bis ** 1x wdh, 3 DStb in dieselbe M wie die ersten M, mit Km in die 4. Lm der Anfangs-Lm verbinden. {13 M auf jeder Seite; je 1 7-Lm-Zwr in den Ecken}

9. Rd: fM in dieselbe M wie Km, *fM in die nächsten 3 M, hStb in die nächste M, fM in die nächsten 11 M, hStb in die nächste M, fM in die nächsten 3 M**, (fM, 2 Lm, fM) in die nächste M*, von * bis * 2x wdh und von * bis ** 1x wdh, fM in dieselbe M wie die 1. M, 2 Lm, mit Km in die 1. M verbinden. Abmaschen. {21 M auf jeder Seite; je 1 2-Lm-Zwr in den Ecken}

Loufoudia

etwa 37 m

Das Garn mit einer Anfangsschlaufe an der Nadel befestigen, 1 Lm, die M der 1. Rd in den 1-Lm-Zwr häkeln.

1. Rd: 3 Lm (Anfangs-Lm), 11 Stb, mit Km in die 3. Lm der Anfangs-Lm verbinden. {12 M}

2. Rd: 3 Lm (Anfangs-Lm), Stb in dieselbe M wie Km, *2 Lm, 1 M überspringen**, 2 Stb in die nächste M*, von * bis * 4 x wdh und von * bis ** 1 x wdh, mit Km in die 3. Lm der Anfangs-Lm verbinden. {12 M, 6 2-Lm-Zwr}

3. Rd: 3 Lm (Anfangs-Lm), 3 Stb in dieselbe M wie Km, Pikot, 4 Stb in die nächste M, *2-Lm-Zwr überspringen, Stb in die nächste M, Pikot, 4 Stb in die nächste M*, von * bis * 4 x wdh, mit Km in die 3. Lm der Anfangs-Lm verbinden. {54 M}

4. Rd: *tfM in die übersprungene M der 1. Rd**, 4 Lm*, von * bis * 4 x wdh und von * bis ** 1 x wdh, 1 Lm, mit hStb in die 1. M verbinden. {6 M, 6 4-Lm-Zwr}

5. Rd: fM auf das Verbindungs-hStb, *2 Lm, 3 Stb in die nächste M, 2 Lm**, fM in 4-Lm-Zwr*, von * bis * 4 x wdh und von * bis ** 1 x wdh, mit Km in die 1. M verbinden. {24 M, 12 2-Lm-Zwr}

6. Rd: fM in dieselbe M wie Km, *2-Lm-Zwr überspringen, (fM, hStb) in die nächste M, (2 Stb, 1 Lm, 2 Stb) in die nächste M, (hStb, fM) in die nächste M, 2-Lm-Zwr überspringen**, fM in die nächste M*, von * bis * 4 x wdh und von * bis ** 1 x wdh, mit Km in die 1. M verbinden. {54 M}

7. Rd: 3 Lm (Anfangs-Lm), *2 Lm, 2 M überspringen, hStb in hMg der nächsten M, 2 Lm, 1 M überspringen, fM in 1-Lm-Zwr, 2 Lm, 1 M überspringen, hStb in hMg der nächsten M, 2 Lm, 2 M überspringen**, Stb in die nächste M*, von * bis * 4 x wdh und von * bis ** 1 x wdh, mit Km in die 3. Lm der Anfangs-Lm verbinden. {24 M, 24 2-Lm-Zwr}

8. Rd: 4 Lm (Anfangs-Lm), *1 Lm, hDStb in 2-Lm-Zwr, 1 Lm, 1 M überspringen, Stb in 2-Lm-Zwr, 1 Lm, hStb in die nächste M, 1 Lm, fM in 2-Lm-Zwr, 1 Lm, 1 M überspringen, fM in 2-Lm-Zwr, 1 Lm, hStb in die nächste M 1 Lm , Stb in 2-Lm-Zwr, 1 Lm, 1 M überspringen, hDStb in 2-Lm-Zwr, 1 Lm**, (DStb, 2 Lm, DStb) in die nächste M*, von * bis * 2 x wdh und von * bis ** 1 x wdh, DStb in denselben Zwr wie die 1. M, mit fM in die 4. Lm der Anfangs-Lm verbinden. {10 M, 9 1-Lm-Zwr auf jeder Seite; je 1 2-Lm-Zwr in den Ecken}

9. Rd: 3 Lm (Anfangs-Lm), *9 x [Stb in die nächste M, Stb in 1-Lm-Zwr], Stb in die nächste M**, (Stb, 2 Lm, Stb) in 2-Lm-Zwr*, von * bis * 2 x wdh und von * bis ** 1 x wdh, Stb in denselben Zwr wie die 1. M, 1 Lm, mit fM in die 3. Lm der Anfangs-Lm verbinden. {21 M auf jeder Seite; je 1 2-Lm-Zwr in den Ecken}

10. Rd: fM auf die Verbindungs-fM, *fM in die nächsten 21 M**, (fM, 2 Lm, fM) in die nächste M*, von * bis * 2 x wdh und von * bis ** 1 x wdh, fM in denselben Zwr wie die 1. M, 2 Lm, mit Km in die 1. M verbinden. Abmaschen. {23 M auf jeder Seite; je 1 2-Lm-Zwr in den Ecken}

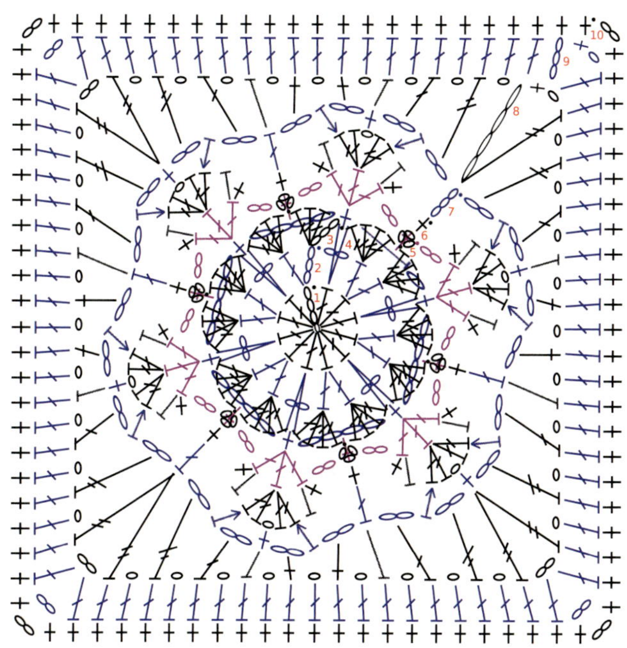

Paintbox
100 % Baumwolle,
LL 125 m/50 g
1 Daffodil Yellow 422
2–3 Lipstick Pink 433
4–6 Mandarin Orange 418
7–10 Banana Cream 421

Cascade Ultra Pima
1–3 Turquoise 3733
4–6 Aqua 3732
7–8 Ice 3736
9–10 Natural 3718

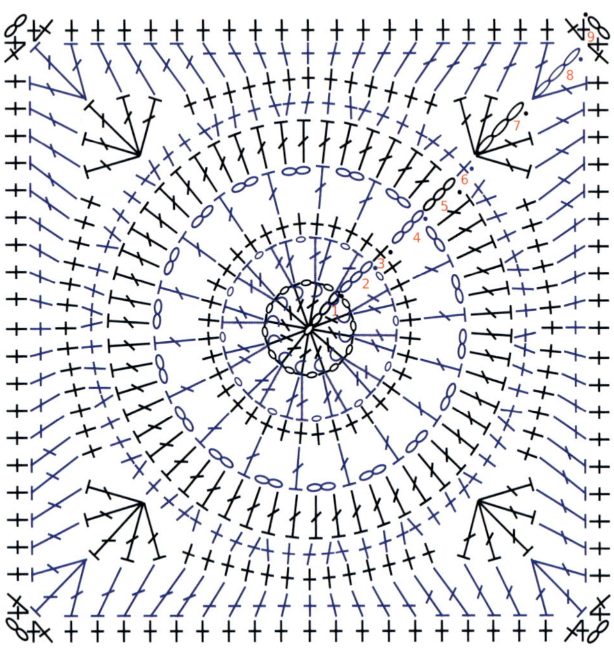

Narrawong

etwa 34 m

Das Garn mit einer Anfangsschlaufe an der Nadel befestigen, 1 Lm, die M der 1. Rd in den 1-Lm-Zwr häkeln.

1. Rd: 3 Lm (Anfangs-Lm), *1 Lm, Stb*, von * bis * 10 x wdh, 1 Lm, mit Km in die 3. Lm der Anfangs-Lm verbinden. {12 M, 12 1-Lm-Zwr}

2. Rd: 3 Lm (Anfangs-Lm), vRStb um die M unter der Km, *1 Lm, 1-Lm-Zwr überspringen, Stb in die nächste M, vRfM um dieselbe M*, von * bis * 10 x wdh, 1 Lm, 1-Lm-Zwr überspringen, mit Km in die 3. Lm der Anfangs-Lm verbinden. {24 M, 12 1-Lm-Zwr}

3. Rd: fM in dieselbe M wie Km, fM in die nächste M, fM in 1-Lm-Zwr, *fM in die nächsten 2 M, fM in 1-Lm-Zwr*, von * bis * 10 x wdh, mit Km in die 1. M verbinden. {36 M}

4. Rd: 3 Lm (Anfangs-Lm), *2 Lm, 1 M überspringen**, Stb in die nächste M*, von * bis * 16 x wdh und von * bis ** 1 x wdh, mit Km in die 3. Lm der Anfangs-Lm verbinden. {18 M, 18 2-Lm-Zwr}

5. Rd: 3 Lm (Anfangs-Lm), *2 Stb in 2-Lm-Zwr**, Stb in die nächste M*, von * bis * 16 x wdh und von * bis ** 1 x wdh, mit Km in die 3. Lm der Anfangs-Lm verbinden. {54 M}

6. Rd: fM in dieselbe M wie Km, fM in die nächste M, 2 fM in die nächste M, *fM in die nächsten 2 M, 2 fM in die nächste M*, von * bis * 16 x wdh, mit Km in die 1. M verbinden. {72 M}

7. Rd: 3 Lm (Anfangs-Lm), 2 Stb in dieselbe M wie Km, *2 M überspringen, fM in die nächsten 13 M, 2 M überspringen**, 5 Stb in die nächste M*, von * bis * 2 x wdh und von * bis ** 1 x wdh, 2 Stb in denselben Zwr wie die ersten M, mit Km in die 3. Lm der Anfangs-Lm verbinden. {13 M auf jeder Seite; je 5 M in den Ecken}

8. Rd: 3 Lm (Anfangs-Lm), Stb in dieselbe M wie Km, *Stb in die nächsten 4 M, fM in die nächsten 9 M, Stb in die nächsten 4 M**, 3 Stb in die nächste M*, von * bis * 2 x wdh und von * bis ** 1 x wdh, Stb in denselben Zwr wie die ersten M, mit Km in die 3. Lm der Anfangs-Lm verbinden. {17 M auf jeder Seite; je 3 M in den Ecken}

9. Rd: 2 fM in dieselbe M wie Km, *fM in die nächsten 19 M**, (2 fM, 2 Lm, 2 fM) in die nächste M*, von * bis * 2 x wdh und von * bis ** 1 x wdh, 2 fM in denselben Zwr wie die ersten M, 2 Lm, mit Km in die 1. M verbinden. Abmaschen. {23 M auf jeder Seite; je 1 2-Lm-Zwr in den Ecken}

Cascade Ultra Pima
1–3 Turquoise 3733
4–6 Aqua 3732
7–8 Ice 3736
9 Natural 3718

Bendigo Woollen Mills Luxury, 100 % Wolle, LL 400 m/200 g
1–2 und 7–8 Leaf 358
3–6 und 9 Blue Denim 363

Spike

etwa 39 m

Das Garn mit einer Anfangsschlaufe an der Nadel befestigen, 1 Lm, die M der 1. Rd in den 1-Lm-Zwr häkeln.

1. Rd: 3 Lm (Anfangs-Lm), 11 Stb, mit Km in die 3. Lm der Anfangs-Lm verbinden. {12 M}

2. Rd: 3 Lm (Anfangs-Lm), 2 Stb in dieselbe M wie Km, *2 M überspringen**, (3 Stb, 2 Lm, 3 Stb) in die nächste M*, von * bis * 2 x wdh und von * bis ** 1 x wdh, 3 Stb in dieselbe M wie die ersten M, 1 Lm, mit fM in die 3. Lm der Anfangs-Lm verbinden. {6 M auf jeder Seite; je 1 2-Lm-Zwr in den Ecken}

3. Rd: fM auf die Verbindungs-fM, *fM in die nächsten 2 M, tfM in die beiden nächsten M der 1. Rd, fM in die 2 nächsten M**, (fM, 2 Lm, fM) in 2-Lm-Zwr*, von * bis * 2 x wdh und von * bis ** 1 wdh, fM in denselben Zwr wie die 1. M, 1 Lm, mit fM in die 1. M verbinden. {8 M auf jeder Seite; je 1 2-Lm-Zwr in den Ecken}

4. Rd: 3 Lm (Anfangs-Lm), Stb auf die Verbindungs-fM, *Stb in die nächsten 8 M**, (2 Stb, 2 Lm, 2 Stb) in 2-Lm-Zwr, von * bis * 2 x wdh und von * bis ** 1 x wdh, 2 Stb in denselben Zwr wie die ersten M, 1 Lm, mit fM in die 3. Lm der Anfangs-Lm verbinden. {12 M auf jeder Seite; je 1 2-Lm-Zwr in den Ecken}

5. Rd: fM auf die Verbindungs-fM, *fM in die nächsten 5 M, tfM in die beiden nächsten M der 3. Rd, fM in die nächsten 5 M**, (fM, 2 Lm, fM) in 2-Lm-Zwr*, von * bis * 2 x wdh und von * bis ** 1 x wdh, fM in denselben Zwr wie die 1. M, 1 Lm, mit fM in die 1. M verbinden. {14 M auf jeder Seite; je 1 2-Lm-Zwr in den Ecken}

6. Rd: 3 Lm (Anfangs-Lm), *Stb in die nächsten 14**, (Stb, 2 Lm, Stb) in 2-Lm-Zwr*, von * bis * 2 x wdh und von * bis ** 1 x wdh, Stb in denselben Zwr wie die 1. M, 1 Lm, mit fM in die 3. Lm der Anfangs-Lm verbinden. {16 M auf jeder Seite; je 1 2-Lm-Zwr in den Ecken}

7. Rd: fM auf die Verbindungs-fM, *fM in die nächsten 3 M, 2 x [tfM in die beiden nächsten M der 5. Rd, fM in die beiden nächsten M], tfM in die beiden nächsten M der 5. Rd, fM in die 3 nächsten M**, (fM, 2 Lm, fM) in 2-Lm-Zwr*, von * bis * 2 x wdh und von * bis ** 1 x wdh, fM in denselben Zwr wie die 1. M, mit fM in die 1. M verbinden. {18 M auf jeder Seite; je 1 2-Lm-Zwr in den Ecken}

8. Rd: 3 Lm (Anfangs-Lm), *Stb in die nächsten 18 M**, (Stb, 2 Lm, Stb) in 2-Lm-Zwr*, von * bis * 2 x wdh und von * bis ** 1 x wdh, Stb in denselben Zwr wie die 1. M, 1 Lm, mit fM in die 3. Lm der Anfangs-Lm verbinden. {20 M auf jeder Seite; je 1 2-Lm-Zwr in den Ecken}

9. Rd: fM auf die Verbindungs-fM, *fM in die nächsten 20 M**, (fM, 2 Lm, fM) in die nächste M*, von * bis * 2 x wdh und von * bis ** 1 x wdh, fM in denselben Zwr wie die 1. M, 2 Lm, mit Km in die 1. M verbinden. Abmaschen. {22 M auf jeder Seite; je 1 2-Lm-Zwr in den Ecken}

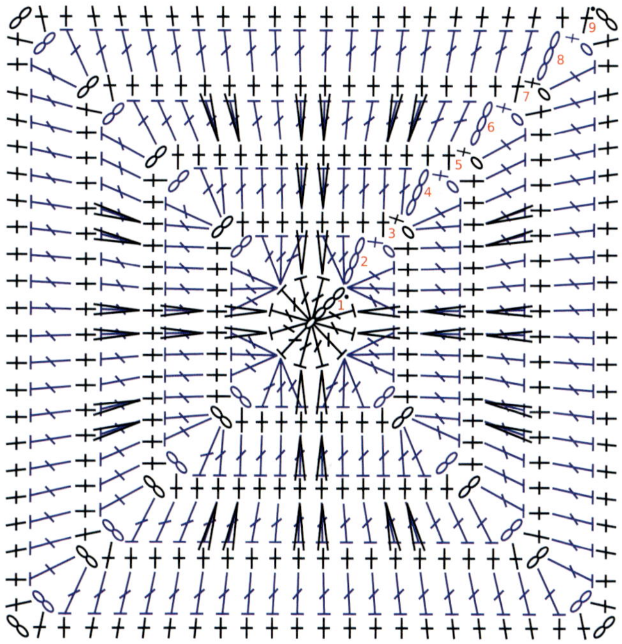

Bendigo Woollen Mills
100 % Baumwolle,
LL 485 m/200 g
1–2, 4, 6 und 8–9 Storm Cloud 827
3, 5 und 7 Latte 887

Cascade Ultra Pima
1–2 Turquoise 3733
3–4 Aqua 3732
5–6 Ice 3736
7–9 Natural 3718

Melbourne

etwa 32 m

Das Garn mit einer Anfangsschlaufe an der Nadel befestigen, 1 Lm, die M der 1. Rd in den 1-Lm-Zwr häkeln.

1. Rd: 4 Lm (Anfangs-Lm), *1 Lm, DStb, 1 Lm**, DStb, 3 Lm, DStb, von * bis * 2 x wdh und von * bis ** 1 x wdh, DStb, 1 Lm, mit hStb in die 4. Lm der Anfangs-Lm verbinden. {3 M, 2 1-Lm-Zwr auf jeder Seite; je 1 3-Lm-Zwr in den Ecken}

2. Rd: 2 fM auf das Verbindungs-hStb, *2 x [fM in die nächste M, fM in 1-Lm-Zwr], fM in die nächste M**, (2 fM, 2 Lm, 2 fM) in 3-Lm-Zwr*, von * bis * 2 x wdh und von * bis ** 1 x wdh, 2 fM in denselben Zwr wie die ersten M, 1 Lm, mit fM in die 1. M verbinden. {9 M auf jeder Seite; je 1 2-Lm-Zwr in den Ecken}

3. Rd: 3 Lm (Anfangs-Lm), *Stb in die nächsten 9 M**, (Stb, 2 Lm, Stb) in 2 Lm-Zwr*, von * bis * 2 x wdh und von * bis ** 1 x wdh, Stb in denselben Zwr wie die 1. M, 1 Lm, mit fM in die 3. Lm der Anfangs-Lm verbinden. {11 M auf jeder Seite; je 1 2-Lm-Zwr in den Ecken}

4. Rd: fM auf die Verbindungs-fM, *fM in die nächsten 11 M**, (fM, 2 Lm, fM) in 2-Lm-Zwr*, von * bis * 2 x wdh und von * bis ** 1 x wdh, fM in denselben Zwr wie die 1. M, 1 Lm, mit fM in die 1. M verbinden. {13 M auf jeder Seite; je 1 2-Lm-Zwr in den Ecken}

5. Rd: 4 Lm (Anfangs-Lm), *6 x [1 Lm, 1 M überspringen, DStb in die nächste M], 1 Lm, 1 M überspringen**, (DStb, 3 Lm, DStb) in 2-Lm-Zwr*, von * bis * 2 x wdh und von * bis ** 1 x wdh, DStb in denselben Zwr wie die 1. M, 1 Lm, mit hStb in die 4. Lm der Anfangs-Lm verbinden. {8 M, 7 1-Lm-Zwr auf jeder Seite; je 1 3-Lm-Zwr in den Ecken}

6. Rd: 2 fM auf das Verbindungs-hStb, *7 x [fM in die nächste M, fM in 1-Lm-Zwr], fM in die nächste M**, (2 fM, 2 Lm, 2 fM) in 3-Lm-Zwr*, von * bis * 2 x wdh und von * bis ** 1 x wdh, 2 fM in denselben Zwr wie die ersten M, 1 Lm, mit fM in die 1. M verbinden. {19 M auf jeder Seite; je 1 2-Lm-Zwr in den Ecken}

7. Rd: 3 Lm (Anfangs-Lm), *Stb in die nächsten 19 M**, (Stb, 2 Lm, Stb) in 2-Lm-Zwr*, von * bis * 2 x wdh und von * bis ** 1 x wdh, fM in denselben Zwr wie die 1. M, 2 Lm, mit Km in die 3. Lm der Anfangs-Lm verbinden. Abmaschen. {21 M auf jeder Seite; je 1 2-Lm-Zwr in den Ecken}

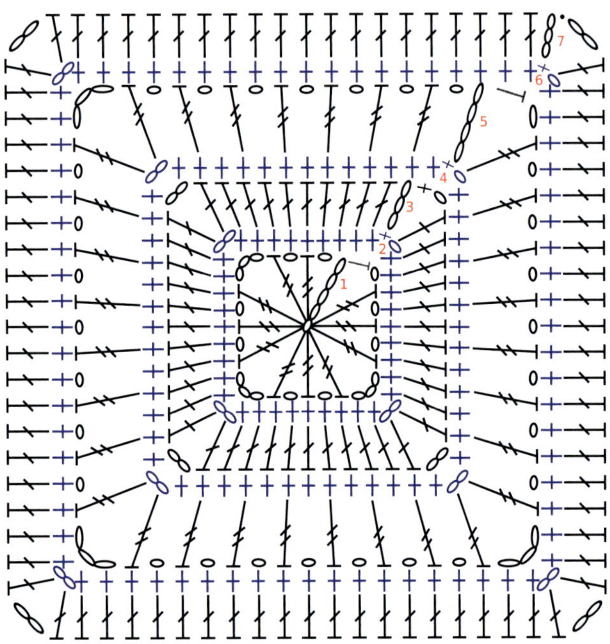

Cascade Ultra Pima
1–2 Turquoise 3733
3–4 Aqua 3732
5–6 Ice 3736
7 Natural 3718

Julies Melbourne, Scheepjes Cahlista, 100 % Baumwolle, LL 85 m/50 g
1 und 4 Red 390
2 Light Pink 222
3 Light Mint 385
5 Light Blue 397
6 Mid Green 389
7 Mid Blue 511
www.littlewoolliemakes.com.au

Erweitern

Die 4.–7. Rd so oft wie nötig wdh, dabei die Maschenzahl wie folgt erhöhen:

4. Rd: „fM in die nächsten # + 10 M ..." {# + 10 M ...}

5. Rd: „# + 5 x [1 Lm, 1 M überspringen ..." { #+ 5 M und #+ 5 1-Lm-Zwr ...}

6. Rd: „# + 5 x [fM in die nächste M ..." {# + 5 M und # +5 1-Lm-Zwr ...}

7. Rd: „Stb in die nächsten # + 10 M ..." {# + 10 M}

Zahra

etwa 41 m

HINWEIS

- **4. Rd:** die Lm am Rd-Beginn wird nicht mitgezählt.

Mit einem MR oder 6 Lm beginnen und die letzte Lm mit einer Km an die 1. M zu einem Ring verbinden.

1. Rd: 3 Lm (Anfangs-Lm), *2 Lm, 3-StbCl, 2 Lm**, Stb*, von * bis * 4 x wdh und von * bis ** 1 x wdh, mit Km in die 3. Lm der Anfangs-Lm verbinden. {12 M, 12 2-Lm-Zwr}

2. Rd: fM in dieselbe M wie Km, *2 fM in 2-Lm-Zwr, 1 M überspringen, 2 fM in 2-Lm-Zwr**, (fM, 2 Lm, fM) in die nächste M*, von * bis * 4 x wdh und von * bis ** 1 x wdh, fM in dieselbe M wie die 1. M, 1 Lm, mit fM in die 1. M verbinden. {36 M, 6 2-Lm-Zwr}

3. Rd: 3 Lm (Anfangs-Lm), 4 Stb auf die Verbindungs-fM, *3 M überspringen, vRfM um die M der 1. Rd, 3 M überspringen**, 9 Stb in 2-Lm-Zwr*, von * bis * 4 x wdh und von * bis ** 1 x wdh, 4 Stb in denselben Zwr wie die ersten M, mit Km in die 3. Lm der Anfangs-Lm verbinden. {60 M}

4. Rd: 1 Lm, hRStb um die M unter der Km, *4 Lm, 4 M überspringen, vRDStb um die nächste M, 4 Lm, 4 M überspringen**, hRfM um die nächsten M*, von * bis * 4 x wdh und von * bis ** 1 x wdh, mit Km in die 1. M verbinden. {12 M, 12 4-Lm-Zwr}

5. Rd: 3 Lm (Anfangs-Lm), *2 Lm, 5-StbCl in 4-Lm-Zwr, 2 Lm**, Stb in die nächste M*, von * bis * 10 x wdh und von * bis ** 1 x wdh, mit Km in die 3. Lm der Anfangs-Lm verbinden. {24 M, 24 2-Lm-Zwr}

6. Rd: 4 Lm (Anfangs-Lm), *(DStb, hDStb) in 2-Lm-Zwr, hDStb in die nächste M, 2 Stb in 2-Lm-Zwr, hStb in die nächste M, (hStb, Stb) in 2-Lm-ZWr, fM in die nächste M, (fM, hStb) in 2-Lm-Zwr, hStb in die nächste M, 2 Stb in 2-Lm-Zwr, hDStb in die nächste M, (hDStb, DStb) in 2-Lm-Zwr**, (DStb, 3 Lm, DStb) in die nächste M*, von * bis * 2 x wdh und von * bis ** 1 x wdh, DStb in denselben Zwr wie die 1. M, 1 Lm, mit hStb in die 4. Lm der Anfangs-Lm verbinden. {19 M auf jeder Seite; je 1 3-Lm-Zwr in den Ecken}

7. Rd: fM auf das Verbindungs-hStb, *fM in die nächsten 19 M**, (fM, 2 Lm, fM) in 3-Lm-Zwr*, von * bis * 2 x wdh und von * bis ** 1 x wdh, fM in denselben Zwr wie die 1. M, mit fM in die 1. M verbinden. {21 M auf jeder Seite; je 1 2-Lm-Zwr in den Ecken}

8. Rd: fM auf die Verbindungs-fM, *fM in die nächsten 21 M**, (fM, 2 Lm, fM) in 2-Lm-Zwr*, von * bis * 2 x wdh und von * bis ** 1 x wdh, fM in denselben Zwr wie die 1. M, 1 Lm, mit fM in die 1. M verbinden. {23 M auf jeder Seite; je 1 2-Lm-Zwr in den Ecken}

9. Rd: fM auf die Verbindungs-fM, *fM in die nächsten 23 M**, (fM, 2 Lm, fM) in 2-Lm-Zwr*, von * bis * 2 x wdh und von * bis ** 1 x wdh, fM in denselben Zwr wie die 1. M, 2 Lm, mit Km in die 1. M verbinden. Abmaschen. {25 M auf jeder Seite; je 1 2-Lm-Zwr in den Ecken}

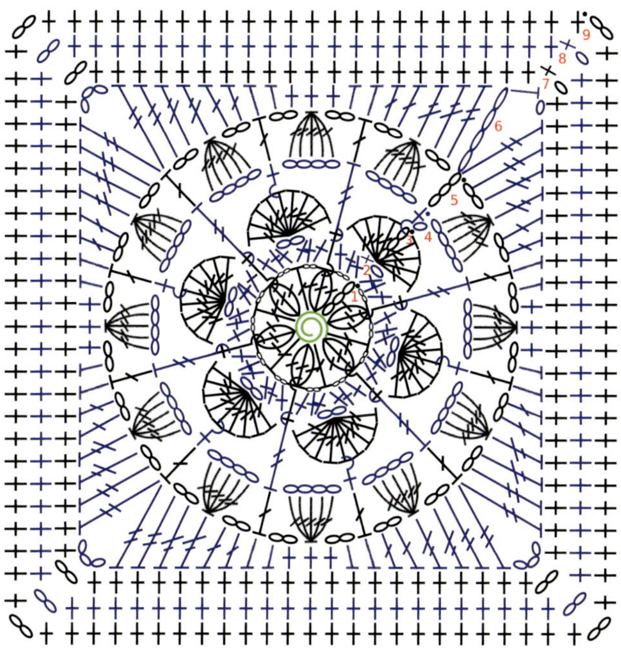

Michelles Zahra
Cascade Ultra Pima
1 Honeysuckle 3802
2–3 Deep Coral 3767
4 Ice 3736
5 Cool Mint 3775
6 Natural 3718
7–9 Sunshine 3764
www.poppyandbliss.com

Cascade Ultra Pima
1–2 Turquoise 3733
3–4 Aqua 3732
5 Ice 3736
6–9 Natural 3718

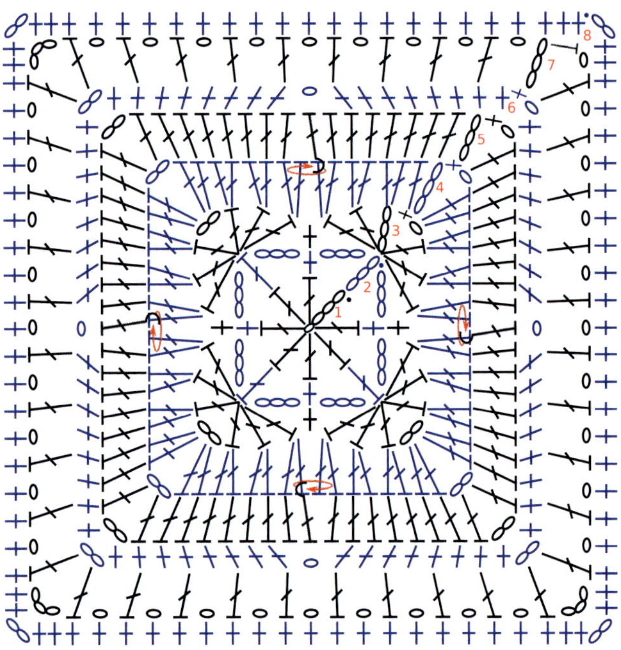

Lazarev

etwa 32 m

HINWEIS

- Bis zur 6. Rd kann sich die Arbeit ein wenig kräuseln.

Das Garn mit einer Anfangsschlaufe an der Nadel befestigen, 1 Lm, die M der 1. Rd in den 1-Lm-Zwr häkeln.

1. Rd: 3 Lm (Anfangs-Lm), 7 Stb, mit Km in die 3. Lm der Anfangs-Lm verbinden. {8 M}

2. Rd: 3 Lm (Anfangs-Lm), *3 Lm, fM in die nächste M, 3 Lm**, Stb in die nächste M*, von * bis * 2 x wdh und von * bis ** 1 x wdh, mit Km in die 3. Lm der Anfangs-Lm verbinden. {8 M, 8 3-Lm-Zwr}

3. Rd: 3 Lm (Anfangs-Lm), 2 Stb in dieselbe M wie Km, *3-Lm-Zwr überspringen, fM in die nächste M, 3-Lm-Zwr überspringen**, (3 Stb, 2 Lm, 3 Stb) in die nächste M*, von * bis * 2 x wdh und von * bis ** 1 x wdh, 3 Stb in denselben Zwr wie die ersten M, 1 Lm, mit fM in die 3. Lm der Anfangs-Lm verbinden. {7 M auf jeder Seite; je 1 2-Lm-Zwr in den Ecken}

4. Rd: 3 Lm (Anfangs-Lm), Stb auf die Verbindungs-fM, *2 Stb in die nächsten 3 M, 1 M überspringen, 2 Stb in die nächsten 3 M**, (2 Stb, 2 Lm, 2 Stb) in 2-Lm-Zwr*, von * bis * 2 x wdh und von * bis ** 1 x wdh, 2 Stb in denselben Zwr wie die ersten M, 1 Lm, mit fM in die 3. Lm der Anfangs-Lm verbinden. {16 M auf jeder Seite; je 1 2-Lm-Zwr in den Ecken}

5. Rd: 3 Lm (Anfangs-Lm), *Stb in die nächsten 7 M, vRStb zugleich um die nächsten 2 M, Stb in die nächsten 7 M**, (Stb, 2 Lm, Stb) in 2-Lm-Zwr*, von * bis * 2 x wdh und von * bis ** 1 x wdh, Stb in denselben Zwr wie die 1. M, 1 Lm, mit fM in die 3. Lm der Anfangs-Lm verbinden. {17 M auf jeder Seite; je 1 2-Lm-Zwr in den Ecken}

6. Rd: fM auf die Verbindungs-fM, *fM in die nächsten 7 M, 1 Lm, die nächsten 3 M überspringen, fM in die nächsten 7 M**, (fM, 2 Lm, fM) in 2-Lm-Zwr*, von * bis * 2 x wdh und von * bis ** 1 x wdh, fM in denselben Zwr wie die 1. M, 1 Lm, mit fM in die 1. M verbinden. {16 M, 1 1-Lm-Zwr auf jeder Seite; je 2-Lm-Zwr in den Ecken}

7. Rd: 3 Lm (Anfangs-Lm), *4 x [1 Lm, 1 M überspringen, Stb in die nächste M], 1 Lm, 1-Lm-Zwr überspringen, 4 x [Stb in die nächste M, 1 Lm, 1 M überspringen]**, (Stb, 3 Lm, Stb) in 2-Lm-Zwr*, von * bis * 2 x wdh und von * bis ** 1 x wdh, Stb in denselben Zwr wie die 1. M, 1 Lm, mit hStb in die 3. Lm der Anfangs-Lm verbinden. {10 M, 9 1-Lm-Zwr auf jeder Seite; je 1 3-Lm-Zwr in den Ecken}

8. Rd: 2 fM auf das Verbindungs-hStb, *9 x [fM in die nächste M, fM in 1-Lm-Zwr], fM in die nächste M**, (2 fM, 2 Lm, 2 fM) in 3-Lm-Zwr*, von * bis * 2 x wdh und von * bis ** 1 x wdh, 2 fM in denselben Zwr wie die ersten M, 2 Lm, mit Km in die 1. M verbinden. Abmaschen. {23 M auf jeder Seite; je 1 2-Lm-Zwr in den Ecken}

Cascade Ultra Pima
1–3 Turquoise 3733
4 Aqua 3732
5–6 Ice 3736
7–8 Natural 3718

Paintbox
100 % Baumwolle,
LL 125 m/50 g
1–3, 5–6 und 8 Washed Teal 452
4 und 7 Lipstick Pink 433

Radius

etwa 36 m

HINWEIS

- **1. Rd:** die Lm am Rd-Beginn wird nicht mitgezählt.

Das Garn mit einer Anfangsschlaufe an der Nadel befestigen, 1 Lm, die M der 1. Rd in den 1-Lm-Zwr häkeln.

1. Rd: 1 Lm, 8 fM, mit Km in die 1. M verbinden. {8 M}

2. Rd: 3 Lm (Anfangs-Lm), Stb in dieselbe M wie Km, 2 Stb in die nächsten 7 M, mit Km in die 3. Lm der Anfangs-Lm verbinden. {16 M}

3. Rd: 3 Lm (Anfangs-Lm), Stb in dieselbe M wie Km, *Stb in die nächste M, vRStb um dieselbe M**, 2 Stb in die nächste M*, von * bis * 6 x wdh und von * bis ** 1 x wdh, mit Km in die 3. Lm der Anfangs-Lm verbinden. {32 M}

4. Rd: 3 Lm (Anfangs-Lm), Stb in die nächsten 3 M, *vRStb um die letzte M**, Stb in die nächsten 4 M*, von * bis * 6 x wdh und von * bis ** 1 x wdh, mit Km in die 3. Lm der Anfangs-Lm verbinden. {40 M}

5. Rd: fM in dieselbe M wie Km, fM in die nächsten 3 M, *2 Lm, 1 M überspringen, fM in die nächsten 4 M*, von * bis * 6 x wdh, 1 Lm, 1 M überspringen, mit fM in die 1. M verbinden. {32 M, 8 2-Lm-Zwr}

6. Rd: 3 Lm (Anfangs-Lm), 3 Stb auf die Verbindungs-fM, *1 Lm, 4 M überspringen**, 7 Stb in 2-Lm-Zwr*, von * bis * 6 x wdh und von * bis ** 1 x wdh, 3 Stb in denselben Zwr wie die ersten M, mit Km in die 3. Lm der Anfangs-Lm verbinden. {56 M, 8 1-Lm-Zwr}

7. Rd: fM in dieselbe M wie Km, *6 Lm, (3 M, 1-Lm-Zwr und 3 M) überspringen, fM in die nächste M, 6 Lm, (3 M, 1-Lm-Zwr und 3 M) überspringen**, (fM, 2 Lm, fM) in die nächste M*, von * bis * 2 x wdh und von * bis ** 1 x wdh, fM in dieselbe M wie die 1. M, 1 Lm, mit fM in die M verbinden. {3 M, 2 6-Lm-Zwr auf jeder Seite; je 1 2-Lm-Zwr in den Ecken}

8. Rd: 4 Lm (Anfangs-Lm), hDStb auf die Verbindungs-fM, *hDStb in die nächste M, (2 Stb, 3 hStb, fM) in 6-Lm-Zwr, fM in die nächste M, (fM, 3 hStb, 2 Stb) in 6-Lm-Zwr, hDStb in die nächste M**, (hDStb, DStb, 2 Lm, DStb, hDStb) in 2-Lm-Zwr*, von * bis * 2 x wdh und von * bis ** 1 x wdh, (hDStb, DStb) in denselben Zwr wie die ersten M, 1 Lm, mit fM in die 4. Lm der Anfangs-Lm verbinden. {19 M auf jeder Seite; je 1 2-Lm-Zwr in den Ecken}

9. Rd: fM auf die Verbindungs-fM, *fM in die nächsten 19 M**, (fM, 2 Lm, fM) in 2-Lm-Zwr*, von * bis * 2 x wdh und von * bis ** 1 x wdh, fM in denselben Zwr wie die 1. M, 1 Lm, mit fM in die 1. M verbinden. {21 M auf jeder Seite; je 1 2-Lm-Zwr in den Ecken}

10. Rd: fM auf die Verbindungs-fM, *fM in die nächsten 21 M**, (fM, 2 Lm, fM) in 2-Lm-Zwr*, von * bis * 2 x wdh und von * bis ** 1 x wdh, fM in denselben Zwr wie die 1. M, 2 Lm, mit Km in die 1. M verbinden. Abmaschen. {23 M auf jeder Seite; je 1 2-Lm-Zwr in den Ecken}

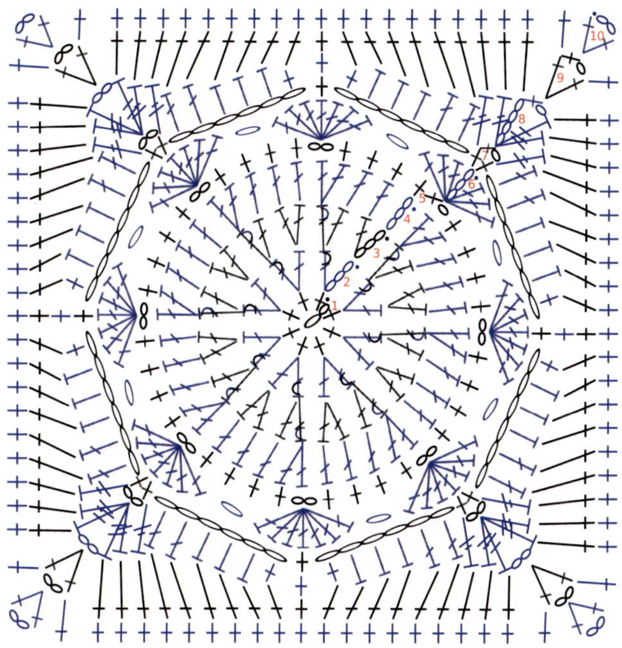

Paintbox 100 % Baumwolle, LL 125 m/50 g
1 Rose Red 414
2 Blood Orange 420
3 Seville Orange 419
4–5 Buttercup Yellow 423
6 Daffodil Yellow 422
7–10 Marine Blue 434

Cascade Ultra Pima
1–4 Turquoise 3733
5–6 Aqua 3732
7–8 Ice 3736
9–10 Natural 3718

Bismarck

etwa 41 m

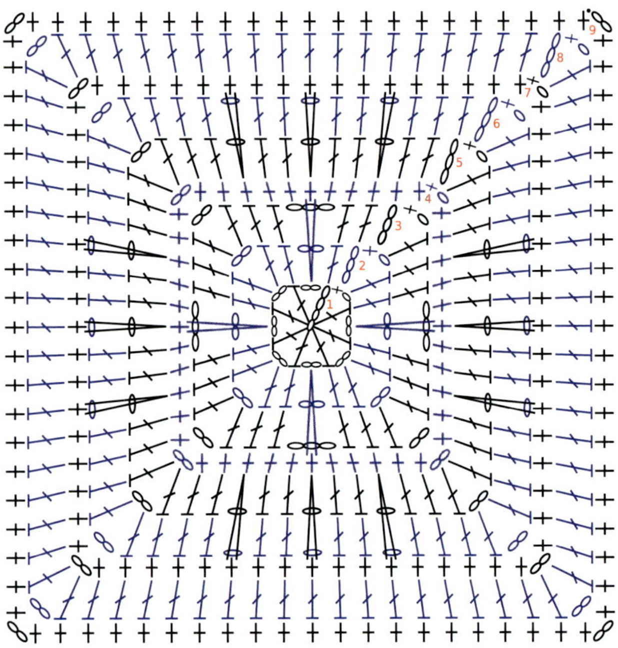

TIPP

- Die Schlaufen für die tM ziemlich lang ziehen.

Das Garn mit einer Anfangsschlaufe an der Nadel befestigen, 1 Lm, die M der 1. Rd in den 1-Lm-Zwr häkeln.

1. Rd: 3 Lm (Anfangs-Lm), *2 Lm, Stb*, von * bis * 6 x wdh, 1 Lm, mit fM in die 3. Lm der Anfangs-Lm verbinden. {8 M, 8 2-Lm-Zwr}

2. Rd: 3 Lm (Anfangs-Lm), *Stb in die nächste M, 2 Lm, 2-Lm-Zwr überspringen, Stb in die nächste M**, (Stb, 2 Lm, Stb) in 2-Lm-Zwr*, von * bis * 2 x wdh und von * bis ** 1 x wdh, Stb in dieselbe M wie die 1. M, 1 Lm, mit fM in die 3. Lm der Anfangs-Lm verbinden. {4 M, 1 2-Lm-Zwr auf jeder Seite; je 1 2-Lm-Zwr in den Ecken}

3. Rd: 3 Lm (Anfangs-Lm), *Stb in die nächsten 2 M, 3 Lm, 2-Lm-Zwr überspringen, Stb in die nächsten 2 M**, (Stb, 2 Lm, Stb) in 2-Lm-Zwr*, von * bis * 2 x wdh und von * bis ** 1 x wdh, Stb in denselben Zwr wie die 1. M, 1 Lm, mit fM in die 3. Lm der Anfangs-Lm verbinden. {6 M, 1 3-Lm-Zwr auf jeder Seite; je 1 2-Lm-Zwr in den Ecken}

4. Rd: fM auf die Verbindungs-fM, *fM in die nächsten 3 M, fM in 3-Lm-Zwr, tfM in 2-Lm-Zwr der 1. Rd, fM in 3-Lm-Zwr, fM in die nächsten 3 M**, (fM, 2 Lm, fM) in 2-Lm-Zwr*, von * bis * 2 x wdh und von * bis ** 1 x wdh, fM in denselben Zwr wie die 1. M, 1 Lm, mit fM in die 1. M verbinden. {11 M auf jeder Seite; je 1 2-Lm-Zwr in den Ecken}

5. Rd: 3 Lm (Anfangs-Lm), *3 x [Stb in die nächsten 2 M, 1 Lm, 1 M überspringen], Stb in die nächsten 2 M**, (Stb, 2 Lm, Stb) in 2-Lm-Zwr*, von * bis * 2 x wdh und von * bis ** 1 x wdh, Stb in denselben Zwr wie die 1. M, 1 Lm, mit fM in die 3. Lm der Anfangs-Lm verbinden. {10 M, 3 1-Lm-Zwr auf jeder Seite; je 1 2-Lm-Zwr in den Ecken}

6. Rd: 3 Lm (Anfangs-Lm), *Stb in die nächsten 3 M, 2 x [1 Lm, 1-Lm-Zwr überspringen, Stb in die nächsten 2 M], 1 Lm, 1-Lm-Zwr überspringen, Stb in die nächsten 3 M**, (Stb, 2 Lm, Stb) in 2-Lm-Zwr*, von * bis * 2 x wdh und von * bis ** 1 x wdh, Stb in denselben Zwr wie die 1. M, 1 Lm, mit fM in die 3. Lm der Anfangs-Lm verbinden. {12 M, 3 1-Lm-Zwr auf jeder Seite; je 1 2-Lm-Zwr in den Ecken}

7. Rd: fM auf die Verbindungs-fM, *fM in die nächsten 4 M, 2 x [tfM in die übersprungene M der 4. Rd, fM in die nächsten 2 M], tfM in die übersprungene M der 4. Rd, fM in die nächsten 4 M**, (fM, 2 Lm, fM) in 2-Lm-Zwr*, von * bis * 2 x wdh und von * bis ** 1 x wdh, fM in denselben Zwr wie die 1. M, 1 Lm, mit fM in die 1. M verbinden. {17 M auf jeder Seite; je 1 2-Lm-Zwr in den Ecken}

8. Rd: 3 Lm (Anfangs-Lm), *Stb in die nächsten 17 M**, (Stb, 2 Lm, Stb) in 2-Lm-Zwr*, von * bis * 2 x wdh und von * bis ** 1 x wdh, Stb in denselben Zwr wie die 1. M, 1 Lm, mit fM in die 3. Lm der Anfangs-Lm verbinden. {19 M auf jeder Seite; je 1 2-Lm-Zwr in den Ecken}

9. Rd: fM auf die Verbindungs-fM, *fM in die nächsten 19 M**, (fM, 2 Lm, fM) in 2-Lm-Zwr*, von * bis * 2 x wdh und von * bis ** 1 x wdh, fM in denselben Zwr wie die 1. M, 2 Lm, mit Km in die 1. M verbinden. Abmaschen. {21 M auf jeder Seite; je 2-Lm-Zwr in den Ecken}

Erweitern

Nach der 7. Rd nicht fortfahren, sondern die 5.–7. Rd so oft wie nötig wdh, dabei die Maschenzahl wie folgt erhöhen:

5. Rd: „# + 2 x [Stb in die nächsten 2 M ..." {# + 4 M, # + 2 1-Lm-Zwr auf ...}

6. Rd: „# + 2 x [1 Lm, 1-Lm-Zwr überspringen ..." {# + 4 M, # + 4 1-Lm-Zwr auf ...}

7. Rd: „# + 2 x [tfM in die übersprungene M der #. Rd + 2 ..." {# + 6 M auf ...}

Dann die 8. und 9. Rd häkeln.

Wool and the Gang, Billie Jean, aus recyceltem Jeansstoff und Baumwolle, 135 m/100 g
1–2, 5–6 und 8–9 Raw Denim
4 und 7 Washed Out Denim

Bendigo Woollen Mills 100 % Baumwolle, LL 670 m/200 g
1–3, 5–6 und 8–9 Parchment 816
4 und 7 Kiwi 809

Cascade Ultra Pima
1–3 Turquoise 3733
4–6 Aqua 3732
7 Ice 3736
8–9 Natural 3718

Bloem

etwa 47 m

HINWEIS

- Die 2. und 6. Rd kräuseln sich stark.

Das Garn mit einer Anfangsschlaufe an der Nadel befestigen, 1 Lm, die M der 1. Rd in den 1-Lm-Zwr häkeln.

1. Rd: 3 Lm (Anfangs-Lm), *4 Lm, Stb*, von * bis * 6 x wdh, 4 Lm, mit Km in die 3. Lm der Anfangs-Lm verbinden. {8 M, 8 4-Lm-Schlaufen}

2. Rd: fM in dieselbe M wie Km, *7 Stb in 4-Lm-Zwr**, fM in die nächste M*, von * bis * 6 x wdh und von * bis ** 1 x wdh, mit Km in die 1. M verbinden. {64 M}

3. Rd: fM in dieselbe M wie Km, * 2 Lm, 7 M überspringen**, fM in die nächste M*, von * bis * 6 x wdh und von * bis ** 1 x wdh, mit Km in die 1. M verbinden. {8 M, 8 2-Lm-Zwr}

4. Rd: 2 Lm (Anfangs-Lm), *3 hStb in 2-Lm-Zwr**, hStb in die nächste M*, von * bis * 6 x wdh und von * bis ** 1 x wdh, mit Km in die 2. Lm der Anfangs-Lm verbinden. {32 M}

5. Rd: 2 Lm (Anfangs-Lm), 4 Lm, hStb in dieselbe M wie Km, *1 M überspringen, (hStb, 4 Lm, hStb) in die nächste M*, von * bis * 14 x wdh, mit Km in die 2. Lm der Anfangs-Lm verbinden. {32 M, 16 4-Lm-Schlaufen}

6. Rd: fM zwischen die 2 M der 5. Rd, *7 Stb in 4-Lm-Zwr**, fM zwischen die beiden nächsten M*, von * bis * 14 x wdh und von * bis ** 1 x wdh, mit Km in die 1. M verbinden. {128 M}

7. Rd: fM in dieselbe M wie Km, *2 Lm, 7 M überspringen**, fM in die nächste M*, von * bis * 14 x wdh und von * bis ** 1 x wdh, mit Km in die 1. M verbinden. {16 M, 16 2-Lm-Zwr}

8. Rd: 3 Lm (Anfangs-Lm), *2 Stb in 2-Lm-Zwr**, Stb in die nächste M*, von * bis * 14 x wdh und von * bis ** 1 x wdh, mit Km in die 3. Lm der Anfangs-Lm verbinden. {48 M}

9. Rd: 4 Lm (Anfangs-Lm), hDStb in dieselbe M wie Km, *Stb in die nächsten 2 M, hStb in die nächsten 2 M, fM in die nächsten 3 M, hStb in die nächsten 2 M, Stb in die nächsten 2 M**, (hDStb, DStb, 2 Lm, DStb, hDStb) in die nächste M*, von * bis * 2 x wdh und von * bis ** 1 x wdh, (hDStb, DStb) in denselben Zwr wie die ersten M, 1 Lm, mit fM in die 4. Lm der Anfangs-Lm verbinden. {15 M auf jeder Seite; je 1 2-Lm-Zwr in den Ecken}

10. Rd: 2 fM auf die Verbindungs-fM, *fM in die nächsten 15 M**, (2 fM, 2 Lm, 2 fM) in 2-Lm-Zwr*, von * bis * 2 x wdh und von * bis ** 1 x wdh, 2 fM in denselben Zwr wie die ersten M, 1 Lm, mit fM in die 1. M verbinden. {19 M auf jeder Seite; je 1 2-Lm-Zwr in den Ecken}

11. Rd: fM auf die Verbindungs-fM, *fM in die nächsten 19 M**, (fM, 2 Lm, fM) in 2-Lm-Zwr*, von * bis * 2 x wdh und von * bis ** 1 x wdh, fM in denselben Zwr wie die 1. M, 2 Lm, mit Km in die 1. M verbinden. Abmaschen. {21 M auf jeder Seite; je 1 2-Lm-Zwr in den Ecken}

Cascade Ultra Pima
1–3 Turquoise 3733
4–7 Aqua 3732
8–9 Ice 3736
10–11 Natural 3718

Sarahs Bloem, Stylecraft Special XL, 100 % Acryl, LL 136 m/200 g
1 und 10 Cream 3055
2–3 Duck egg 1820
4–5 Sage 3056
6–7 Petrol 3059
8–9 und 11 Graphite 3060
www.annabooshouse.blogspot.com

Posy

etwa 35 m

Mit einem MR oder 6 Lm beginnen und die letzte Lm mit einer Km an die 1. M zu einem Ring verbinden.

1. Rd: 3 Lm (Anfangs-Lm), 2 Stb, *2 Lm, 3 Stb*, von * bis * 6 x wdh, 1 Lm, mit fM in die 3. Lm der Anfangs-Lm verbinden. {24 M, 8 2-Lm-Zwr}

2. Rd: 3 Lm (Anfangs-Lm), *2 Lm, die nächsten 3 M als Stb zus, 2 Lm**, Stb in 2-Lm-Zwr*, von * bis * 6 x wdh und von * bis ** 1 x wdh, mit Km in die 3. Lm der Anfangs-Lm verbinden. {16 M, 16 2-Lm-Zwr}

3. Rd: 3 Lm (Anfangs-Lm), *3 Lm, 2-Lm-Zwr überspringen, fM in die nächste M, 3 Lm, 2-Lm-Zwr überspringen, 5-StbCl in die nächste M, 3 Lm, 2-Lm-Zwr überspringen, fM in die nächste M, 3 Lm, 2-Lm-Zwr überspringen**, Stb in die nächste M*, von * bis * 2 x wdh und von * bis ** 1 x wdh, mit Km in die 3. Lm der Anfangs-Lm verbinden. {3 M, 4 3-Lm-Zwr auf jeder Seite; je 1 M in den Ecken}

4. Rd: 3 Lm (Anfangs-Lm), *3 Lm, 3-Lm-Zwr überspringen, Stb in die nächste M, 3 Lm, 3-Lm-Zwr überspringen, fM in die nächste M, 3 Lm, 3-Lm-Zwr überspringen, Stb in die nächste M, 3 Lm, 3-Lm-Zwr überspringen**, (Stb, 2 Lm, Stb) in die nächste M*, von * bis * 2 x wdh und von * bis ** 1 x wdh, Stb in dieselbe M wie die 1. M, 1 Lm, mit fM in die 3. Lm der Anfangs-Lm verbinden. {5 M, 4 3-Lm-Schlaufen auf jeder Seite, je 1 2-Lm-Zwr in den Ecken}

5. Rd: 3 Lm (Anfangs-Lm), *4 x [Stb in die nächste M, 3 Stb in 3-Lm-Zwr], Stb in die nächste M**, (Stb, 2 Lm, Stb) in 2-Lm-Zwr*, von * bis * 2 x wdh und von * bis ** 1 x wdh, Stb in denselben Zwr wie die 1. M, 1 Lm, mit fM in die 3. Lm der Anfangs-Lm verbinden. {19 M auf jeder Seite, je 1 2-Lm-Zwr in den Ecken}

6. Rd: 3 Lm (Anfangs-Lm), *Stb in die nächsten 19 M**, (Stb, 2 Lm, Stb) in 2-Lm-Zwr*, von * bis * 2 x wdh und von * bis ** 1 x wdh, Stb in denselben Zwr wie die 1. M, 1 Lm, mit fM in die 3. Lm der Anfangs-Lm verbinden. {21 M auf jeder Seite; je 1 2-Lm-Zwr in den Ecken}

7. Rd: fM auf die Verbindungs-fM, *fM in die nächsten 21 M**, (fM, 2 Lm, fM) in die nächste M*, von * bis * 2 x wdh und von * bis ** 1 x wdh, fM in denselben Zwr wie die 1. M, 2 Lm, mit Km in die 1. M verbinden. Abmaschen. {23 M auf jeder Seite; je 1 2-Lm-Zwr in den Ecken}

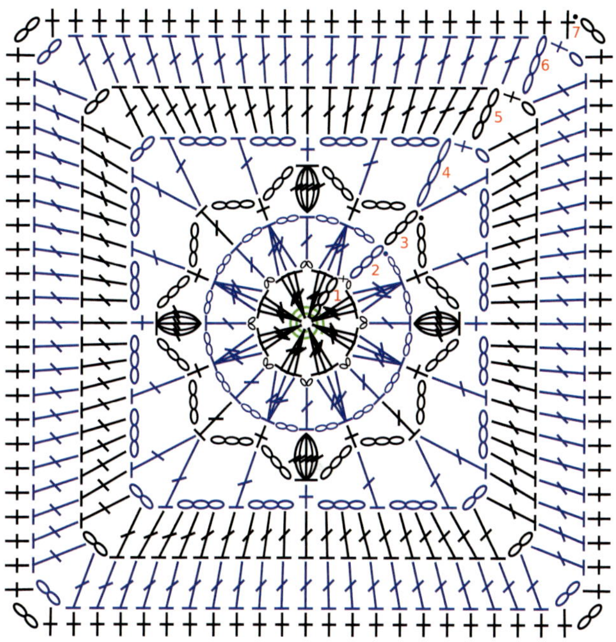

Paintbox 100 % Baumwolle, LL 125 m/50 g
1–2 und 7 Mandarin Orange 418
3–4 und 6 Melon Sorbet 417
5 Coffee Bean 411

Bendigo Woollen Mills 100 % Baumwolle, LL 485 m/200 g
1 und 6 Daffodil 806
2–4 Honeydew 897
5 und 7 Kiwi 809

Cascade Ultra Pima
1–2 Turquoise 3733
3 Aqua 3732
4 Ice 3736
5–7 Natural 3718

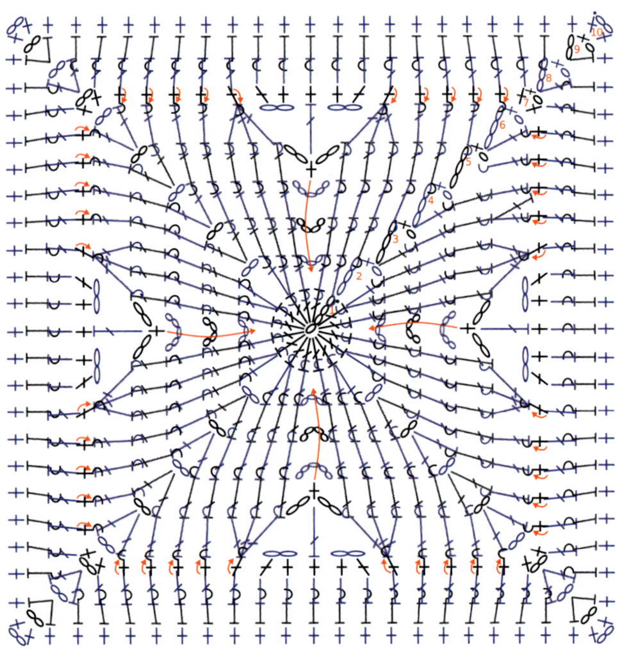

Bellinghausen

etwa 48 m

Mit einem MR oder 4 Lm beginnen und die letzte Lm mit einer Km an die 1. M zu einem Ring verbinden.

1. Rd: 3 Lm (Anfangs-Lm), 15 Stb, mit Km in die 3. Lm der Anfangs-Lm verbinden. {16 M}

2. Rd: 3 Lm (Anfangs-Lm), vRStb um die M unter der Km, vRStb um die nächste M, *3 Lm, vRStb um die nächsten 2 M, Stb in dieselbe M**, 2 Lm, Stb in die nächste M, vRStb um dieselbe M, vRStb um die nächste M*, von * bis * 2 x wdh und von * bis ** 1 x wdh, 1 Lm, mit fM in die 3. Lm der Anfangs-Lm verbinden. {6 M, 1 3-Lm-Zwr auf jeder Seite; je 1 2-Lm-Zwr in den Ecken}

3. Rd: 3 Lm (Anfangs-Lm), *vRStb um die nächsten 3 M, 4 Lm, 3-Lm-Zwr überspringen, vRStb um die nächsten 3 M**, (Stb, 2 Lm, Stb) in 2-Lm-Zwr*, von * bis * 2 x wdh und von * bis ** 1 x wdh, Stb in denselben Zwr wie die 1. M, 1 Lm, mit fM in die 3. Lm der Anfangs-Lm verbinden. {8 M, 1 4-Lm-Zwr auf jeder Seite; je 1 2-Lm-Zwr in den Ecken}

4. Rd: 3 Lm (Anfangs-Lm), *vRStb um die nächsten 4 M, 5 Lm, 4-Lm-Zwr überspringen, vRStb um die nächsten 4 M**, (Stb, 2 Lm, Stb) in 2-Lm-Zwr*, von * bis * 2 x wdh und von * bis ** 1 x wdh, Stb in denselben Zwr wie die 1. M, 1 Lm, mit fM in die 3. Lm der Anfangs-Lm verbinden. {10 M, 1 5-Lm-Zwr auf jeder Seite; je 1 2-Lm-Zwr in den Ecken}

5. Rd: 3 Lm (Anfangs-Lm), *vRStb un die nächsten 5 M, 2 Lm, fM in alle darunterliegenden 3-Lm-Schlaufen, 2 Lm, vRStb um die nächsten 5 M**, (Stb, 2 Lm, Stb) in 2-Lm-Zwr*, von * bis * 2 x wdh und von * bis ** 1 x wdh, Stb in denselben Zwr wie die 1. M, 1 Lm, mit fM in die 3. Lm der Anfangs-Lm verbinden. {13 M, 2 2-Lm-Zwr auf jeder Seite; je 1 2-Lm-Zwr in den Ecken}

6. Rd: 3 Lm (Anfangs-Lm), *vRStb um die nächsten 3 M, vRStb um die nächsten 3 M zus, 2 Lm, 2-Lm-Zwr überspringen, Stb in die nächste M, 2 Lm, 2-Lm-Zwr überspringen, vRStb um die nächsten 3 M zus, vRStb um die nächsten 3 M**, (Stb, 2 Lm, Stb) in 2-Lm-Zwr*, von * bis * 2 x wdh und von * bis ** 1 x wdh, Stb in denselben Zwr wie die 1. M, 1 Lm, mit fM in die 3. Lm der Anfangs-Lm verbinden. {11 M, 2 2-Lm-Zwr auf jeder Seite; je 1 2-Lm-Zwr in den Ecken}

7. Rd: fM auf die Verbindungs-fM, *vRfM um die nächste 5 M, 2 fM in 2-Lm-Zwr, fM in die nächste M, 2 fM in 2-Lm-ZWr, vRfM un die nächsten 5 M**, (fM, 2 Lm, fM) in 2-Lm-Zwr*, von * bis * 2 x wdh und von * bis ** 1 x wdh, fM in denselben Zwr wie die 1. M, 1 Lm, mit fM in die 1. fM verbinden. {17 M auf jeder Seite; je 1 2-Lm-Zwr in den Ecken}

8. Rd: 3 Lm (Anfangs-Lm), * Stb in die nächste M, Stb in die nächsten 5 M der 6. Rd hinter die M der 7. Rd, hStb in die nächsten 5 M, Stb in die nächsten 5 M der 6. Rd hinter die M der 7. Rd, Stb in die nächste M**, (Stb, 2 Lm, Stb) in 2-Lm-Zwr*, von * bis * 2 x wdh und von * bis ** 1 x wdh, Stb in denselben Zwr wie die 1. M, 1 Lm, mit fM in die 3. Lm der Anfangs-Lm verbinden. {19 M auf jeder Seite; je 1 2-Lm-Zwr in den Ecken}

9. Rd: 2 Lm (Anfangs-Lm), *hRhStb um die nächsten 19 M**, (hStb, 2 Lm, hStb) in 2-Lm-Zwr*, von * bis * 2 x wdh und von * bis ** 1 x wdh, hStb in denselben Zwr wie die 1. M, 1 Lm, mit fM in die 2. Lm der Anfangs-Lm verbinden. {21 M auf jeder Seite; je 1 2-Lm-Zwr in den Ecken}

10. Rd: fM auf die Verbindungs-fM, *fM in die nächsten 21 M**, (fM, 2 Lm, fM) in 2-Lm-Zwr*, von * bis * 2 x wdh und von * bis ** 1 x wdh, fM in denselben Zwr wie die 1. M, 2 Lm, mit Km in die 1. M verbinden. Abmaschen. {23 M auf jeder Seite; je 1 2-Lm-Zwr in den Ecken}

Cascade Ultra Pima
1–3 Turquoise 3733
4–5 Aqua 3732
6–7 Ice 3736
8–10 Natural 3718

Bendigo Woollen Mills
100 % Baumwolle,
LL 485 m/200 g
1–7 Arctic 808
8–10 Snow 801

Bobbled

etwa 47 m

HINWEISE

- Die 2., 5. und 8. Rd kräuseln sich stark.
- **3., 6. und 9. Rd:** die 5 in eine M gehäkelten Stb von hinten nach vorne drücken, sodass eine Noppe entsteht, wenn man die tM arbeitet.

Das Garn mit einer Anfangsschlaufe an der Nadel befestigen, 1 Lm, die M der 1. Rd in den 1-Lm-Zwr häkeln.

1. Rd: 3 Lm (Anfangs-Lm), 2 Stb, *2 Lm, 3 Stb*, von * bis * 2 x wdh, 1 Lm, mit fM in die 3. Lm der Anfangs-Lm verbinden. {3 M auf jeder Seite; je 1 2-Lm-Zwr in den Ecken}

2. Rd: 3 Lm (Anfangs-Lm), *1 M überspringen, 5 Stb in die nächste M, 1 M überspringen**, (Stb, 2 Lm, Stb) in 2-Lm-Zwr*, von * bis * 2 x wdh und von * bis ** 1 x wdh, Stb in denselben Zwr wie die 1. M, 1 Lm, mit fM in die 3. Lm der Anfangs-Lm verbinden. {7 M auf jeder Seite; je 1 2-Lm-Zwr in den Ecken}

3. Rd: fM auf die Verbindungs-fM, *fM in die nächste M, tfM in die übersprungene M der 1. Rd, 2 M überspringen, fM in die nächste M, 2 M überspringen, tfM in die übersprungene M der 1. Rd, fM in die nächste M**, (fM, 2 Lm, fM) in 2-Lm-Zwr*, von * bis * 2 x wdh und von * bis ** 1 x wdh, fM in denselben Zwr wie die 1. M, 1 Lm, mit fM in die 1. M verbinden. {7 M auf jeder Seite; je 1 2-Lm-Zwr in den Ecken}

4. Rd: 3 Lm (Anfangs-Lm), *Stb in die nächsten 7 M**, (fM, 2 Lm, fM) in 2-Lm-Zwr*, von * bis * 2 x wdh und von * bis ** 1 x wdh, fM in denselben Zwr wie die 1. M, 1 Lm, mit fM in die 3. Lm der Anfangs-Lm verbinden. {9 M auf jeder Seite; je 1 2-Lm-Zwr in den Ecken}

5. Rd: 3 Lm (Anfangs-Lm), *Stb in die nächste M, 3 x [1 M überspringen, 5 Stb in die nächste M], 1 M überspringen, Stb in die nächste M**, (Stb, 2 Lm, Stb) in 2-Lm-Zwr*, von * bis * 2 x wdh und von * bis ** 1 x wdh, fM in denselben Zwr wie die 1. M, 1 Lm, mit fM in die 3. Lm der Anfangs-Lm verbinden. {19 M auf jeder Seite; je 1 2-Lm-Zwr in den Ecken}

6. Rd: fM auf die Verbindungs-fM, *fM in die nächsten 2 M, 3 x [tfM in die übersprungene M der 4. Rd, 2 M überspringen, fM in die nächste M, 2 M überspringen], tfM in die übersprungene M der 4. Rd, fM in die nächsten 2 M**, (fM, 2 Lm, fM) in 2-Lm-Zwr*, von * bis * 2 x wdh und von * bis ** 1 x wdh, fM in denselben Zwr wie die 1. M, 1 Lm, mit fM in die 1. M verbinden. {13 M auf jeder Seite; je 1 2-Lm-Zwr in den Ecken}

7. Rd: 3 Lm (Anfangs-Lm), *fM in die nächsten 13 M**, (Stb, 2 Lm, Stb) in 2-Lm-Zwr*, von * bis * 2 x wdh und von * bis ** 1 x wdh, Stb in denselben Zwr wie die 1. M, 1 Lm, mit fM in die 3. Lm der Anfangs-Lm verbinden. {15 M auf jeder Seite; je 1 2-Lm-Zwr in den Ecken}

8. Rd: 3 Lm (Anfangs-Lm), *Stb in die nächsten 2 M, 5 x [1 M überspringen, 5 Stb in die nächste M], 1 M überspringen, Stb in die nächsten 2 M**, (Stb, 2 Lm, Stb) in 2-Lm-Zwr*, von * bis * 2 x wdh und von * bis ** 1 x wdh, Stb in denselben Zwr wie die 1. M, 1 Lm, mit fM in die 3. Lm der Anfangs-Lm verbinden. {31 M auf jeder Seite; je 1 2-Lm-Zwr in den Ecken}

9. Rd: fM auf die Verbindungs-fM, *fM in die nächsten 3 M, 5 x [tfM in die übersprungene M der 7. Rd, 2 M überspringen, fM in die nächste m, 2 M überspringen], tfM in die übersprungene M der 7. Rd, fM in die nächsten 3 M**, (fM, 2 Lm, fM) in 2-Lm-Zwr*, von * bis * 2 x wdh und von * bis ** 1 x wdh, fM in denselben Zwr wie die 1. M, 1 Lm, mit fM in die 1. M verbinden. {19 M auf jeder Seite; je 1 2-Lm-Zwr in den Ecken}

10. Rd: fM auf die Verbindungs-fM, *fM in die nächsten 19 M**, (fM, 2 Lm, fM) in 2-Lm-Zwr*, von * bis * 2 x wdh und von * bis ** 1 x wdh, fM in denselben Zwr wie die 1. M, 2 Lm mit Km in die 1. M verbinden. Abmaschen. {21 M auf jeder Seite; je 1 2-Lm-Zwr in den Ecken}

Erweitern

Nach der 9. Rd nicht fortfahren, sondern die 7.–9. Rd so oft wie nötig wdh, dabei die Maschenzahl wie folgt erhöhen:

7. Rd: „Stb in die nächsten # + 6 M" {# + 6 M ...}

8. Rd: „Stb in die nächsten # + 1 M, # + 2 x [1 M überspringen, ... Stb in die nächsten # + 1 M" {# + 12 M ...}

9. Rd: „fM in die nächsten # + 1 M, # + 2 x [tfM in ... der # + 3 Rd ... der übersprungenen M der # + 3 Rd ... fM in die nächsten # + 1 M" {# +6 M ...}

Dann die 10. Rd häkeln.

Paintbox
100 % Baumwolle,
LL 125 m/50 g
1–2, 5 und 8 Washed Teal 433
3–4, 6–7 und 9–10 Banana Cream 421

Paintbox
100 % Baumwolle,
LL 125 m/50 g
1–2 und 7–8 Soft Fudge 410
3, 6 und 9 Vintage Pink 456
4–5 und 10 Coffee Bean 411

Cascade Ultra Pima
1–3 Turquoise 3733
4–6 Aqua 3732
7–9 Ice 3736
10 Natural 3718

Sibuyan

etwa 38 m

Mit einem MR oder 4 Lm beginnen und die letzte Lm mit einer Km an die 1. M zu einem Ring verbinden.

1. Rd: 3 Lm (Anfangs-Lm), Stb um die Anfangs-Lm, *Stb, Stb um das zuletzt gehäkelte Stb*, von * bis * 6 x, mit Km in die 3. Lm der Anfangs-Lm verbinden. {16 M}

2. Rd: 3 Lm (Anfangs-Lm), Stb um Anfangs-Lm, *Stb in die nächste M, Stb um das zuletzt gehäkelte Stb, von * bis * 14 x wdh, mit Km in die 3. Lm der Anfangs-Lm verbinden. {32 M}

3. Rd: fM in dieselbe M wie Km, fM in die nächsten 31 M, mit Km in die 1. M verbinden. {32 M}

4. Rd: *tfM zwischen den M der 2. Rd, 2 Lm, 1 M überspringen*, von * bis * 15 x wdh, mit Km in die 1. M verbinden. {16 M, 16 2-Lm-Zwr}

5. Rd: 3 Lm, (Anfangs-Lm), *1 Lm, Büschelm in 2-Lm-Zwr, 1 Lm**, Stb in die nächste M*, von * bis * 14 x wdh und von * bis ** 1 x wdh, mit Km in die 3. Lm der Anfangs-Lm verbinden. {32 M, 32 1-Lm-Zwr}

6. Rd: fM in dieselbe M wie Km, *3 Lm, (1-Lm-Zwr, 1 M und 1-Lm-Zwr) überspringen**, fM in die nächste M*, von * bis * 14 x wdh und von * bis ** 1 x wdh, mit Km in die 1. M verbinden. {16 M, 16 3-Lm-Zwr}

7. Rd: fM in dieselbe M wie Km, *3 fM in 3-Lm-Zwr**, fM in die nächste M*, von * bis * 14 x wdh und von * bis ** 1 x wdh, mit Km in die 1. M verbinden. {64 M}

8. Rd: 3 Lm (Anfangs-Lm), Stb in dieselbe M wie Km, *Stb in die nächsten 2 M, hStb in die nächsten 3 M, fM in die nächsten 5 M, hStb in die nächsten 3 M, Stb in die nächsten 2 M**, (Stb, hDStb, Stb) in die nächste M*, von * bis * 2 x wdh und von * bis ** 1 x wdh, Stb in dieselbe M wie die ersten M, mit Km in die 3. Lm der Anfangs-Lm verbinden. {17 M auf jeder Seite; je 1 1-Lm-Zwr in den Ecken}

9. Rd: fM in dieselbe M wie Km, *fM in die nächsten 17 M**, (fM, 2 Lm, fM) in die nächste M*, von * bis * 2 x wdh und von * bis ** 1 x wdh, fM in dieselbe M wie die 1. M, 1 Lm, mit fM in die 1. M verbinden. {19 M auf jeder Seite; je 1 2-Lm-Zwr in den Ecken}

10. Rd: 2 Lm (Anfangs-Lm), *hStb in die nächsten 19 M**, (hStb, 2 Lm, hStb) in 2-Lm-Zwr*, von * bis * 2 x wdh und von * bis ** 1 x wdh, hStb in denselben Zwr wie die 1. M, 2 Lm, mit Km in die 2. Lm der Anfangs-Lm verbinden. Abmaschen. {21 M auf jeder Seite; je 1 2-Lm-Zwr in den Ecken}

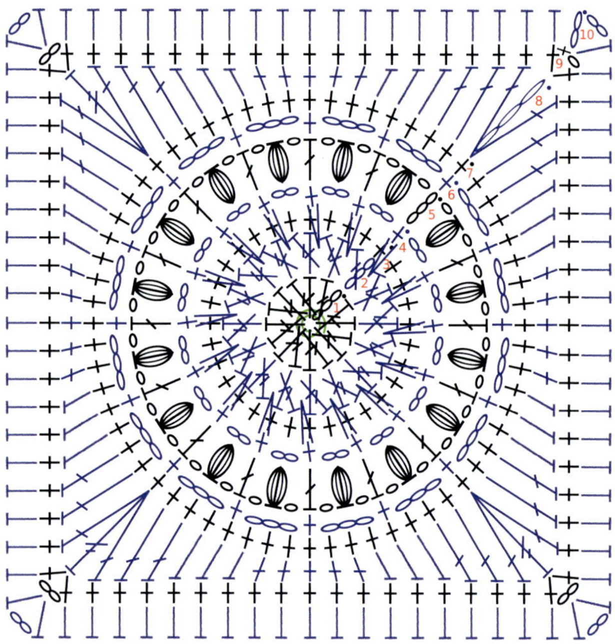

Cascade Ultra Pima
1–3 Turquoise 3733
4–5 Aqua 3732
6–8 Ice 3736
9–10 Natural 371

Racheles Sibuyan
Scheepjes Cahlista, 100 % Baumwolle, LL 85 m/50 g
1–2 Parrot Green 241
3 Apple Granny 513
4–5 Sky Blue 510
6–9 Cornflower 511
10 Petrol 400
www.cypresstextiles.net

Amaryllis

etwa 35 m

HINWEISE

- **2. Rd:** die 3 Lm (Anfangs-Lm) und 4-StbN werden als eine 5-StbN gezählt.
- **4. Rd:** die 3 Lm (Anfangs-Lm) und 2 zus gehäkelten Stb zählen als 3 zus gehäkelte Stb.

Mit einem MR oder 6 Lm beginnen und die letzte Lm mit einer Km an die 1. M zu einem Ring verbinden.

1. Rd: 3 Lm (Anfangs-Lm), 23 Stb, mit Km in die 3. Lm der Anfangs-Lm verbinden. {24 M}

2. Rd: 3 Lm (Anfangs-Lm), 4-StbN in dieselbe M wie Km, *2 Lm, 1 M überspringen, N in die nächste M*, von * bis * 10 x wdh, 2 Lm, mit Km oben in die N verbinden. {12 M, 12 2-Lm-Zwr}

3. Rd: Km in den nächsten 2-Lm-Zwr, 3 Lm (Anfangs-Lm), 2 Stb in denselben 2-Lm-Zwr, *1 M überspringen, 3 Stb in 2-Lm-Zwr*, von * bis * 10 x wdh, 1 M überspringen, mit Km in die 3. Lm der Anfangs-Lm verbinden. {36 M}

4. Rd: 3 Lm, 2 M als Stb zus, *4 Lm, 3 M als Stb zus*, von * bis * 10 x wdh, 1 Lm, mit hStb in oben in die 2 zusammengehäkelten M verbinden. {12 M, 12 4-Lm-Zwr}

5. Rd: 4 Lm (Anfangs-Lm), (hDStb, Stb) auf das Verbindungs-hStb, *Stb in die nächste M, 3 hStb in 4-Lm-Zwr, fM in die nächste M, 3 hStb in 4-Lm-Zwr, Stb in die nächste M**, (Stb, 2 hDStb, 2 Lm, 2 hDStb, Stb) in 4-Lm-Zwr*, von * bis * 2 x wdh und von * bis ** 1 x wdh, (Stb, 2 hDStb) in denselben Zwr wie die ersten M, 1 Lm, mit fM in die 4. Lm der Anfangs-Lm verbinden. {15 M auf jeder Seite; je 1 2-Lm-Zwr in den Ecken}

6. Rd: 3 Lm (Anfangs-Lm), Stb auf die Verbindungs-fM, *Stb in die nächsten 15 M**, (2 Stb, 2 Lm, 2 Stb) in 2-Lm-Zwr*, von * bis * 2 x wdh und von * bis ** 1 x wdh, 2 Stb in denselben Zwr wie die ersten M, 1 Lm, mit fM in die 3. Lm der Anfangs-Lm verbinden. {19 M auf jeder Seite; je 1 2-Lm-Zwr in den Ecken}

7. Rd: 2 Lm (Anfangs-Lm), *hStb in die nächsten 19 M**, (hStb, 2 Lm, hStb) in 2-Lm-Zwr*, von * bis * 2 x wdh und von * bis ** 1 x wdh, hStb in denselben Zwr wie die 1. M, 2 Lm, mit Km in die 2. Lm der Anfangs-Lm verbinden. Abmaschen. {21 M auf jeder Seite; je 1 2-Lm-Zwr in den Ecken}

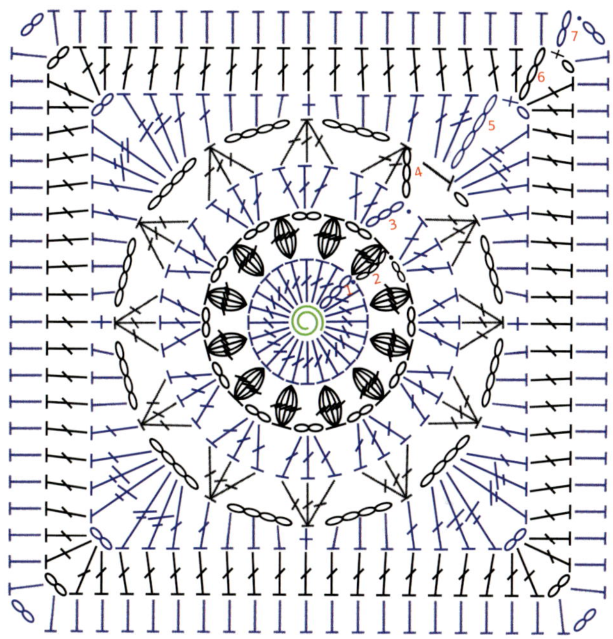

Mandys Amaryllis 1
Paintbox 100 % Baumwolle, LL 125 m/50 g
1 Daffodil Yellow 422
2 Bubblegum Pink 451
3–4 Peach Orange 455
5–7 Paper White 401
www.redagapeblog.com

Mandys Amaryllis 2
Paintbox 100 % Baumwolle, LL 125 m/50 g
1 Granite Grey 407
2 Bubblegum Pink 451
3–4 Lipstick Pink 452
5–7 Paper White 401
www.redagapeblog.com

Cascade Ultra Pima
1 Turquoise 3733
2 Aqua 3732
3–4 Ice 3736
5–7 Natural 3718

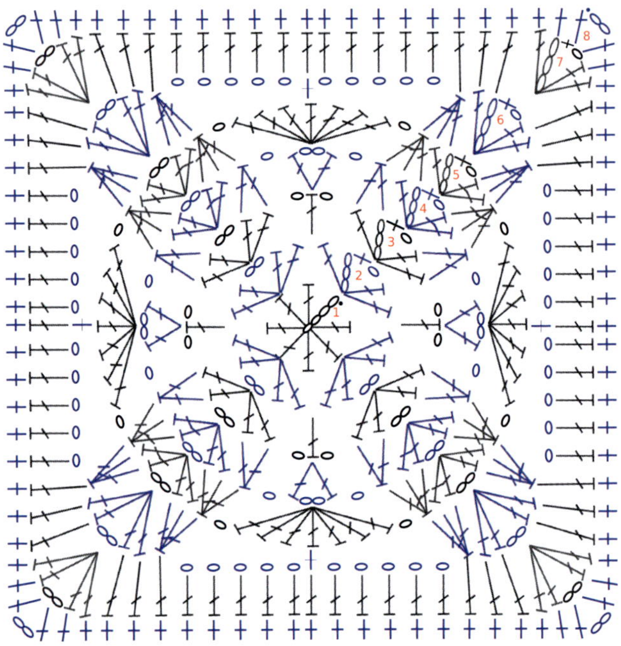

Vanes

etwa 36 m

Das Garn mit einer Anfangsschlaufe an der Nadel befestigen, 1 Lm, die M der 1. Rd in den 1-Lm-Zwr häkeln.

1. Rd: 3 Lm (Anfangs-Lm), 7 Stb, mit Km in die 3. Lm der Anfangs-Lm verbinden. {8 M}

2. Rd: 3 Lm (Anfangs-Lm), Stb in dieselbe M wie Km, *1 M überspringen, (2 Stb, 2 Lm, 2 Stb) in die nächste M*, von * bis * 2 x wdh, 1 M überspringen, 2 Stb in dieselbe M wie die ersten M, 1 Lm, mit fM in die 3. Lm der Anfangs-Lm verbinden. {4 M auf jeder Seite; je 1 2-Lm-Zwr in den Ecken}

3. Rd: 3 Lm (Anfangs-Lm), Stb auf die Verbindungs-fM, *1 Lm, 2 M überspringen, Stb zwischen der vorigen und nächste M, 1 Lm, 2 M überspringen**, (2 Stb, 2 Lm, 2 Stb) in 2-Lm-Zwr*, von * bis * 2 x wdh und von * bis ** 1 x wdh, 2 Stb in denselben Zwr wie die ersten M, 1 Lm, mit fM in die 3. Lm der Anfangs-Lm verbinden. {5 M, 2 1-Lm-Zwr auf jeder Seite; je 1 2-Lm-Zwr in den Ecken}

4. Rd: 3 Lm (Anfangs-Lm), Stb auf die Verbindungs-fM, *2 M als Stb zus, 1 Lm, 1-Lm-Zwr überspringen, (Stb, 2 Lm, Stb) in die nächste M, 1 Lm, 1-Lm-Zwr überspringen, die nächsten 2 M als Stb zus**, (2 Stb, 2 Lm, 2 Stb) in 2-Lm-Zwr*, von * bis * 2 x wdh und von * bis ** 1 x wdh, 2 Stb in denselben Zwr wie die ersten M, 1 Lm, mit fM in die 3. Lm der Anfangs-Lm verbinden. {8 M, 2 1-Lm-Zwr, 1 2-Lm-Zwr auf jeder Seite; je 1 2-Lm-Zwr in den Ecken}

5. Rd: 3 Lm (Anfangs-Lm), Stb auf die Verbindungs-fM, *3 M als Stb zus, 1 Lm, (1-Lm-Zwr und 1 M) überspringen, 7 Stb in 2-Lm-Zwr, 1 Lm, (1 M und 1-Lm-Zwr) überspringen, die nächsten 3 M als Stb zus**, (2 Stb, 2 Lm, 2 Stb) in 2-Lm-Zwr*, von * bis * 2 x wdh und von * bis ** 1 x wdh, 2 Stb in denselben Zwr wie die ersten M, 1 Lm, mit fM in die 3. Lm der Anfangs-Lm verbinden. {13 M, 2 1-Lm-Zwr auf jeder Seite; je 1 2-Lm-Zwr in den Ecken}

6. Rd: 3 Lm (Anfangs-Lm), Stb auf die Verbindungs-fM, *die nächsten 3 M als Stb zus, 5 Lm, (1-Lm-Zwr und 3 M) überspringen, fM in die nächste M, 5 Lm, (3 M und 1-Lm-Zwr) überspringen, die nächsten 3 M als Stb zus**, (2 Stb, 2 Lm, 2 Stb) in 2-Lm-Zwr*, von * bis * 2 x wdh und von * bis ** 1 x wdh, 2 Stb in denselben Zwr wie die ersten M, 1 Lm, mit fM in die 3. Lm der Anfangs-Lm verbinden. {7 M, 2 5-Lm-Zwr auf jeder Seite; je 1 2-Lm-Zwr in den Ecken}

7. Rd: 3 Lm (Anfangs-Lm), Stb auf die Verbindungs-fM, *Stb in die nächsten 3 M, 5 Stb in 5-Lm-Zwr, Stb in die nächste M, 5 Stb in 5-Lm-Zwr, Stb in die nächsten 3 M**, (2 Stb, 2 Lm, 2 Stb) in 2-Lm-Zwr*, von * bis * 2 x wdh und von * bis ** 1 x wdh, 2 Stb in denselben Zwr wie die ersten M, 1 Lm, mit fM in die 3. Lm der Anfangs-Lm verbinden. {21 M auf jeder Seite; je 1 2-Lm-Zwr in den Ecken}

8. Rd: fM auf die Verbindungs-fM, *fM in die nächsten 21 M**, (fM, 2 Lm, fM) in die nächste M*, von * bis * 2 x wdh und von * bis ** 1 x wdh, fM in denselben Zwr wie die 1. M, 2 Lm, mit Km in die 1. M verbinden. Abmaschen. {23 M auf jeder Seite; je 1 2-Lm-Zwr in den Ecken}

Cascade Ultra Pima
1–3 Turquoise 3733
4–5 Aqua 3732
6 Ice 3736
7–8 Natural 3718

Sandras Vanes
Rico Design Essentials, 100 % Baumwolle, LL 120 m/50 g
1 und 5 Beige
2 und 6–8 Orchid
3–4 Curry
www.mobiusgirldesign.com

Chicane

etwa 38 m

Das Garn mit einer Anfangsschlaufe an der Nadel befestigen, 1 Lm, die M der 1. Rd in den 1-Lm-Zwr häkeln.

1. Rd: 3 Lm (Anfangs-Lm), Stb, *4 Lm**, 3 Stb*, von * bis * 2 x wdh und von * bis ** 1 x wdh, Stb, mit Km in die 3. Lm der Anfangs-Lm verbinden. {12 M, 4 4-Lm-Zwr}

2. Rd: fM in dieselbe M wie Km, *3 Lm, 1 M überspringen, fM in 4-Lm-Zwr, 3 Lm, 1 M überspringen**, fM in die nächste M, von * bis * 2 x wdh und von * bis ** 1 x wdh, mit Km in die 1. M verbinden. {8 M, 8 3-Lm-Zwr}

3. Rd: 3 Lm (Anfangs-Lm), *Stb in 3-Lm-Zwr, (Stb, 2 Lm, Stb) in die nächste M, 2 Stb in 3-Lm-Zwr**, Stb in die nächste M*, von * bis * 2 x wdh und von * bis ** 1 x wdh, mit Km in die 3. Lm der Anfangs-Lm verbinden. {28 M, 4 2-Lm-Zwr}

4. Rd: fM in dieselbe M wie Km, *3 Lm, 1 M überspringen, fM in die nächste M, 3 Lm, 1 M überspringen, fM in 2-Lm-Zwr, 3 Lm, 1 M überspringen, fM in die nächste M, 3 Lm, 1 M überspringen**, fM in die nächste M*, von * bis * 2 x wdh und von * bis ** 1 x wdh, mit Km in die 1. M verbinden. {16 M, 16 3-Lm-Zwr}

5. Rd: 3 Lm (Anfangs-Lm), *2 Stb in 3-Lm-Zwr, Stb in die nächste M, 2 hStb in 3-Lm-Zwr, fM in die nächste M, 2 hStb in 3-Lm-Zwr, Stb in die nächste M, 2 Stb in 3-Lm-Zwr**, Stb in die nächste M*, von * bis * 2 x wdh und von * bis ** 1 x wdh, mit Km in die 3. Lm der Anfangs-Lm verbinden. {48 M}

6. Rd: fM in dieselbe M wie Km, *2 Lm, 1 M überspringen**, fM in die nächste M*, von * bis * 22 x wdh und von * bis ** 1 x wdh, mit Km in die 1. M verbinden. {24 M, 24 2-Lm-Zwr}

7. Rd: fM in dieselbe M wie M, *2 fM in 2-Lm-Zwr**, fM in die nächste M*, von * bis * 22 x wdh und von * bis ** 1 x wdh, mit Km in die 1. M verbinden. {72 M}

8. Rd: 4 Lm (Anfangs-Lm), 3 DStb in dieselbe M wie Km, *3 M überspringen, fM in die nächsten 11 M, 3 M überspringen**, 7 DStb in die nächste M*, von * bis * 2 x wdh und von * bis ** 1 x wdh, 3 DStb in dieselbe M wie die ersten M, mit Km in die 4. Lm der Anfangs-Lm verbinden. {11 M auf jeder Seite; je 7 M in den Ecken}

9. Rd: fM in dieselbe M wie Km, *8 x [2 Lm, 1 M überspringen, fM in die nächste M], 2 Lm, 1 M überspringen**, (fM, 2 Lm, fM) in die nächste M*, von * bis * 2 x wdh und von * bis ** 1 x wdh, fM in denselben Zwr wie die 1. M, 1 Lm, mit fM in die 1. M verbinden. {10 M, 9 2-Lm-Zwr auf jeder Seite; je 1 2-Lm-Zwr in den Ecken}

10. Rd: fM auf die Verbindungs-fM, *9 x [fM in die nächste M, fM in 2-Lm-Zwr], fM in die nächste M**, (fM, 2 Lm, fM) in 2-Lm-Zwr*, von * bis * 2 x wdh und von * bis ** 1 x wdh, fM in denselben Zwr wie die 1. M, 1 Lm, mit fM in die 1. M verbinden. {21 M auf jeder Seite; je 1 2-Lm-Zwr in den Ecken}

11. Rd: fM auf die Verbindungs-fM, *fM in die nächsten 21 M**, (fM, 2 Lm, fM) in die nächste M*, von * bis * 2 x wdh und von * bis ** 1 x wdh, fM in denselben Zwr wie die 1. M, 2 Lm, mit Km in die 1. M verbinden. Abmaschen. {23 M auf jeder Seite; je 1 2-Lm-Zwr in den Ecken}

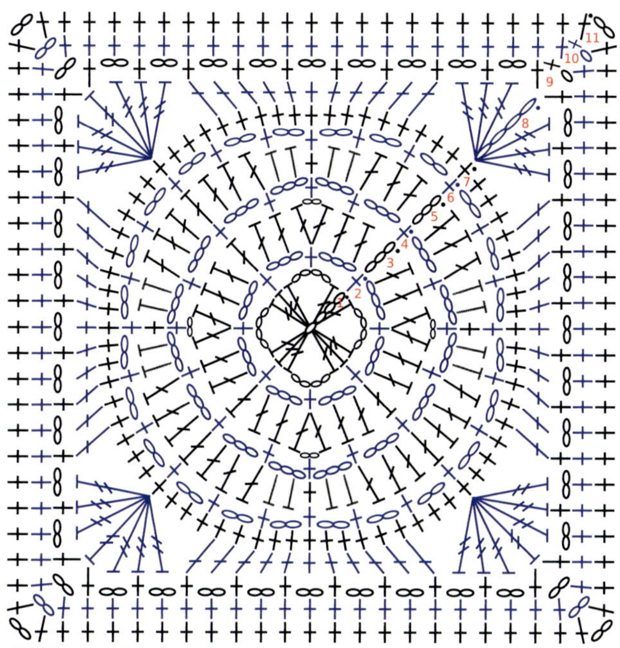

Dedris Chicane, Scheepjes Catona, 100 % Baumwolle, LL 50 g/125 m
1 Dark Turquoise 146
2–3 Green Yellow 245
4–5 Yellow 208
6–7 Powder Pink 238
8 Tulip Pink 222
9–10 Dark Pink 114
11 Cyan 397
www.lookatwhatimade.net

Cascade Ultra Pima
1–3 Turquoise 3733
4–5 Aqua 3732
6–8 Ice 3736
9–11 Natural 3718

Pinkie

etwa 38 m

Mit einem MR oder 4 Lm beginnen und die letzte Lm mit einer Km an die 1. M zu einem Ring verbinden.

1. Rd: 3 Lm (Anfangs-Lm), 15 Stb, mit Km in die 3. Lm der Anfangs-Lm verbinden. {16 M}

2. Rd: fM in dieselbe M wie Km, *3 Lm, fM in die nächste M*, von * bis * 14 x wdh, 1 Lm, mit hStb in die 1. M verbinden. {16 M, 16 3-Lm-Zwr}

3. Rd: 3 Lm (Anfangs-Lm), Stb auf das Verbindungs-hStb, *1 M überspringen, N in 3-Lm-Zwr, 1 M überspringen**, 3 Stb in 3-Lm-Zwr*, von * bis * 6 x wdh und von * bis ** 1 x wdh, Stb in denselben Zwr wie die ersten M, mit Km in die 3. Lm der Anfangs-Lm verbinden. {32 M}

4. Rd: 3 Lm (Anfangs-Lm), *hStb in die nächste M, fM in Zwr zwischen der vorigen M und N, fM in Zwr zwischen N und nächster M, hStb in die nächste M**, (Stb, 2 Lm, Stb) in die nächste M*, von * bis * 6 x wdh und von * bis ** 1 x wdh, Stb in denselben Zwr wie die 1. M, 1 Lm, mit fM in die 3. Lm der Anfangs-Lm verbinden. {48 M, 8 2-Lm-Zwr}

5. Rd: fM auf die Verbindungs-fM, *3 Lm, DStb oben in die N der 3. Rd, 3 Lm**, fM in 2-Lm-Zwr* von * bis * 6 x wdh und von * bis ** 1 x wdh, mit Km in die 1. M verbinden. {16 M, 16 3-Lm-Zwr}

6. Rd: 4 Lm (Anfangs-Lm), *(hDStb, 2 Stb) in 3-Lm-Zwr, hStb in die nächste M, (hStb, 2 fM) in 3-Lm-Zwr, fM in die nächste M, (2 fM, hStb) in 3-Lm-Zwr, hStb in die nächste M, (2 Stb, hDStb) in 3-Lm-Zwr**, (DStb, 2 Lm, DStb) in die nächste M*, von * bis * 2 x wdh und von * bis ** 1 x wdh, DStb in dieselbe M wie die 1. M, 1 Lm, mit fM in die 4. Lm der Anfangs-Lm verbinden. {17 M auf jeder Seite; je 1 2-Lm-Zwr in den Ecken}

7. Rd: 3 Lm (Anfangs-Lm), Stb auf die Verbindungs-fM, *Stb in die nächsten 17 M**, (2 Stb, 2 Lm, 2 Stb) in 2-Lm-Zwr*, von * bis * 2 x wdh und von * bis ** 1 x wdh, 2 Stb in denselben Zwr wie die ersten M, 1 Lm, mit fM in die 3. Lm der Anfangs-Lm verbinden. {21 M auf jeder Seite; je 1 2-Lm-Zwr in den Ecken}

8. Rd: fM auf die Verbindungs-fM, *fM in die nächsten 21 M**, (fM, 2 Lm, fM) in 2-Lm-Zwr*, von * bis ** 2 x wdh und von * bis ** 1 x wdh, fM in denselben Zwr wie die 1. M, 2 Lm, mit Km in die 1. M verbinden. Abmaschen. {23 M auf jeder Seite; je 1 2-Lm-Zwr in den Ecken}

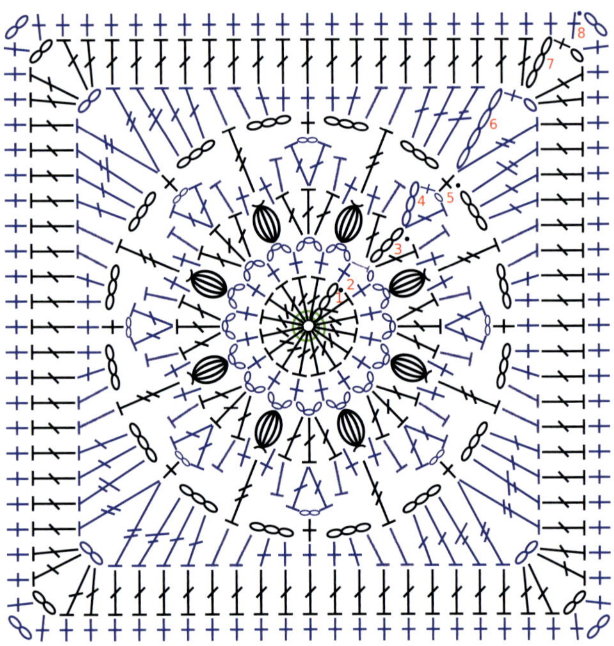

Cascade Ultra Pima
1–3 Turquoise 3733
4 Aqua 3732
5–6 Ice 3736
7–8 Natural 3718

Bendigo Woollen Mills 100 % Baumwolle, LL 485 m/200 g
1–2, 5–6 und 8 Pink Rose 805
3–4 und 7 Blush 811

King Cole Cottonsoft, 100 % Baumwolle, LL 210 m/100 g
1–2 Buttercup 1600
3–4 Cherry 719
5–6 und 8 Sage 1576
7 Lime 1601

Mozambik

etwa 36 m

Das Garn mit einer Anfangsschlaufe an der Nadel befestigen, 1 Lm, die M der 1. Rd in den 1-Lm-Zwr häkeln.

1. Rd: 3 Lm (Anfangs-Lm), *1 Lm, Stb*, von * bis * 10 x wdh, 1 Lm, mit Km in die 3. Lm der Anfangs-Lm verbinden. {12 M, 12 1-Lm-Zwr}

2. Rd: fM in dieselbe M wie Km, *fM in 1-Lm-Zwr**, fM in die nächste M*, von * bis * 10 x wdh und von * bis ** 1 x wdh, mit Km in die 1. M verbinden. {24 M}

3. Rd: 3 Lm (Anfangs-Lm), Stb in dieselbe M wie Km, *1 M überspringen**, 3 Stb in die nächste M*, von * bis * 10 x wdh und von * bis ** 1 x wdh, Stb in dieselbe M wie die ersten M, mit Km in die 3. Lm der Anfangs-Lm verbinden. {36 M}

4. Rd: fM in dieselbe M wie Km, fM in die nächste M, *fM zwischen der letzten und nächsten M**, fM in die nächsten 3 M*, von * bis * 10 x wdh und von * bis ** 1 x wdh, fM in die nächste M, mit Km in die 1. M verbinden. {48 M}

5. Rd: 3 Lm (Anfangs-Lm), *1 Lm, 1 M überspringen**, Stb in die nächste M*, von * bis * 22 x wdh und von * bis ** 1 x wdh, mit Km in die 3. Lm der Anfangs-Lm verbinden. {24 M, 24 1-Lm-Zwr}

6. Rd: fM in dieselbe M wie Km, *2 fM in 1-Lm-Zwr, fM in die nächste M, fM in 1-Lm-Zwr**, fM in die nächste M*, von * bis * 10 x wdh und von * bis ** 1 x wdh, mit Km in die 1. M verbinden. {60 M}

7. Rd: 3 Lm (Anfangs-Lm), Stb in dieselbe M wie Km, *2 M überspringen**, 3 Stb in die nächste M*, von * bis * 18 x wdh und von * bis ** 1 x wdh, Stb in dieselbe M wie die ersten M, mit Km in die 3. Lm der Anfangs-Lm verbinden. {60 M}

8. Rd: fM in dieselbe M wie Km, fM in die nächste M, *fM zwischen der letzten und nächsten M**, fM in die nächsten 3 M*, von * bis * 18 x wdh und von * bis ** 1 x wdh, fM in die nächste M, mit Km in die 1. M verbinden. {80 M}

9. Rd: 4 Lm (Anfangs-Lm), 2 x [1 Lm, DStb] in dieselbe M wie Km *1 Lm, 3 M überspringen, 6 x [fM in die nächste M, 1 Lm, 1 M überspringen], fM in die nächste M, 1 Lm, 3 M überspringen**, (DStb, 4 x [1 Lm, DStb]) in die nächste M*, von * bis * 2 x wdh und von * bis ** 1 x wdh, 2 x [DStb, 1 Lm] in dieselbe M wie die ersten M, mit Km in die 4. Lm der Anfangs-Lm verbinden. {11 M, 12 1-Lm-Zwr auf jeder Seite; je 1 M in den Ecken}

10. Rd: fM in dieselbe M wie Km, *11 x [fM in 1-Lm-Zwr, fM in die nächste M], fM in 1-Lm-Zwr**, (fM, 2 Lm, fM) in die nächste M*, von * bis * 2 x wdh und von * bis ** 1 x wdh, fM in dieselbe M wie die 1. M, 2 Lm, mit Km in die 1. M verbinden. Abmaschen. {25 M auf jeder Seite; je 1 2-Lm-Zwr in den Ecken}

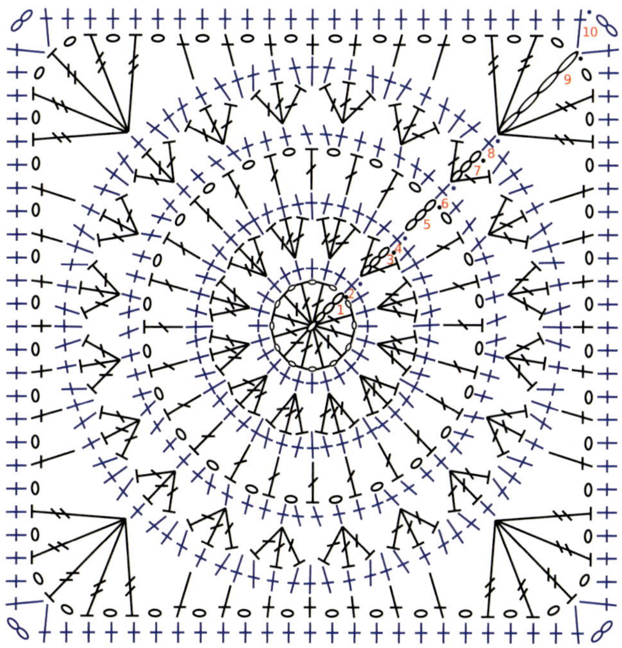

Scheepjes Catona, 100 % Baumwolle, LL 125 m/50 g
1–2 Hot Red 115
3 Tangerine 281
4–6 Yellow Gold 208
7–8 Kiwi 205
9–10 Vivid Blue 116

Cascade Ultra Pima
1–3 Turquoise 3733
4–6 Aqua 3732
7–8 Ice 3736
9–10 Natural 3718

Cogs

etwa 32 m

Das Garn mit einer Anfangsschlaufe an der Nadel befestigen, 1 Lm, die M der 1. Rd in den 1-Lm-Zwr häkeln.

1. Rd: 3 Lm (Anfangs-Lm), *2 Lm, Stb*, von * bis * 4 x wdh und von * bis ** 1 x wdh, mit Km in die 3. Lm der Anfangs-Lm verbinden. {6 M, 6 2-Lm-Zwr}

2. Rd: 3 Lm (Anfangs-Lm), *3 Stb in 2-Lm-Zwr**, Stb in die nächste M*, von * bis * 4 x wdh und von * bis ** 1 x wdh, mit Km in die 3. Lm der Anfangs-Lm verbinden. {24 M}

3. Rd: 3 Lm (Anfangs-Lm), *3 Lm, 1 M überspringen**, Stb in die nächste M*, von * bis * 10 x wdh und von * bis ** 1 x wdh, mit Km in die 3. Lm der Anfangs-Lm verbinden. {12 M, 12 3-Lm-Zwr}

4. Rd: 3 Lm (Anfangs-Lm), *3 Stb in 3-Lm-Zwr**, Stb in die nächste M*, von * bis * 10 x wdh und von * bis ** 1 x wdh, mit Km in die 3. Lm der Anfangs-Lm verbinden. {48 M}

5. Rd: 3 Lm (Anfangs-Lm), *2 Lm, 1 M überspringen**, Stb in die nächste M*, von * bis * 22 x wdh und von * bis ** 1 x wdh, mit Km in die 3. Lm der Anfangs-Lm verbinden. {24 M, 24 2-Lm-Zwr}

6. Rd: fM in dieselbe M wie Km, *2 fM in 2-Lm-Zwr**, fM in die nächste M*, von * bis * 22 x wdh und von * bis ** 1 x wdh, mit Km in die 1. M verbinden. {72 M}

7. Rd: 4 Lm (Anfangs-Lm), 3 DStb in dieselbe M wie Km, *2 M überspringen, fM in die nächsten 13 M, 2 M überspringen**, 7 DStb in die nächste M*, von * bis * 2 x wdh und von * bis ** 1 x wdh, 3 DStb in dieselbe M wie die ersten M, mit Km in die 4. Lm der Anfangs-Lm verbinden. {13 M auf jeder Seite; je 7 M in den Ecken}

8. Rd: fM in dieselbe M wie Km, *fM in die nächsten 3 M, hStb in die nächste M, Stb in die nächsten 11 M, hStb in die nächste M, fM in die nächsten 3 M**, (fM, 2 Lm, fM) in die nächste M*, von * bis * 2 x wdh und von * bis ** 1 x wdh, fM in denselben Zwr wie die 1. M, 2 Lm, mit Km in die 1. M verbinden. Abmaschen. {21 M auf jeder Seite; je 1 2-Lm-Zwr}

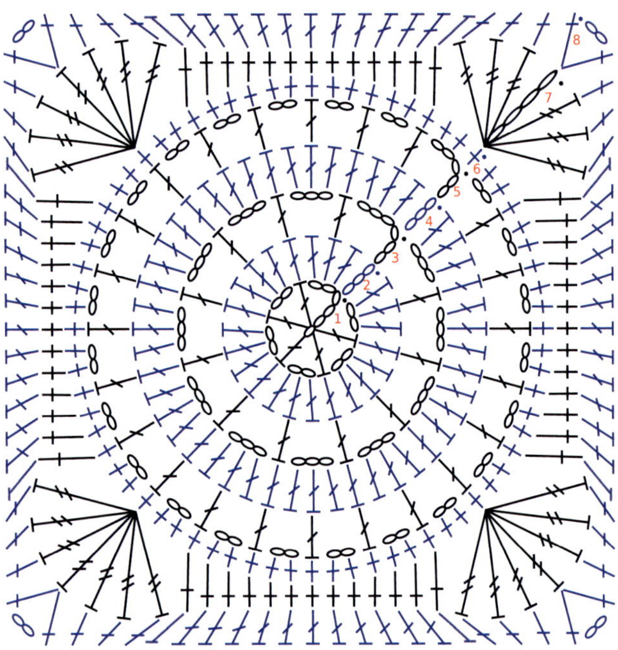

Cascade Ultra Pima
1–2 Turquoise 3733
3–4 Aqua 3732
5–7 Ice 3736
8 Natural 3718

Bendigo Woollen Mills
100 % Baumwolle,
LL 485 m/200 g
1, 3 und 5 Daffodil 806
2, 4 und 6–8 Glacier 818

Janes Cogs 1
Vinnis Colours Nikkim,
100 % Baumwolle, 119 m/50 g
1–2 Red
3–4 Pink
5–8 Ballet Pink
www.yarnbombersunited.weebly.com

Janes Cogs 2
Scheepjes Cahlista,
100 % Baumwolle, LL 85 m/50 g
1, 3 und 5–8 Jade
2 Apple Granny
4 Cyan
www.yarnbombersunited.weebly.com

Sol

etwa 40 m

HINWEIS

- **3. und 5. Rd:** die Lm am Rd-Beginn wird nicht mitgezählt.

10 Lm, mit Km in die 1. M verbinden.

1. Rd: Km auf die Verbindungs-Km in die Mitte des 10-Lm-Rings, 3 Lm (Anfangs-Lm), 23 Stb in 10-Lm-Ring, mit Km in die 3. Lm der Anfangs-Lm verbinden. {24 M}

2. Rd: vRStb um die M unter der Km, vRStb um die nächsten 23 M, mit Km in die 1. M verbinden. {24 M}

3. Rd: 1 Lm, Stb in dieselbe M wie Verbindungs-Km der 1. Rd, *2 Stb in die nächste M der 1. Rd**, Stb in die nächste M der 1. Rd*, von * bis * 10 x wdh und von * bis ** 1 x wdh, mit Km in die 1. M verbinden. {36 M}

4. Rd: fM in dieselbe M wie Km, 2 Lm, fM in dieselbe M wie Verbindungs-Km der 2. Rd, *2 Lm, 2 M der 3. Rd überspringen**, fM in die nächste M der 3. Rd, 2 Lm, 1 M der 2. Rd überspringen, fM in die nächste M der 2. Rd*, von * bis * 10 x wdh und von * bis ** 1 x wdh, mit Km in die 1. M verbinden. {24 M, 24 2-Lm-Zwr}

5. Rd: 1 Lm, hRStb um dieselbe M wie Km, *2 Stb in die nächste M der 3. Rd, Stb in die nächste M der 3. Rd**, hRStb um die nächste M*, von * bis * 10 x wdh und von * bis ** 1 x wdh, mit Km in die 1. M verbinden. {48 M}

6. Rd: fM in dieselbe M wie Km, fM in die nächsten 47 M, mit Km in die 1. M verbinden. {48 M}

7. Rd: 4 Lm (Anfangs-Lm), hDStb in dieselbe M wie Km, *Stb in die nächsten 2 M, hStb in die nächsten 2 M, fM in die nächsten 3 M, hStb in die nächsten 2 M, Stb in die nächsten 2 M**, (hDStb, DStb, 2 Lm, DStb, hDStb) in die nächste M*, von * bis * 2 x wdh und von * bis ** 1 x wdh, (hDStb, DStb) in dieselbe M wie die ersten M, 1 Lm, mit fM in die 4. Lm der Anfangs-Lm verbinden. {15 M auf jeder Seite; je 1 2-Lm-Zwr in den Ecken}

8. Rd: fM auf die Verbindungs-fM, *7 x [3 Lm, 1 M überspringen, fM in die nächste M], 3 Lm, 1 M überspringen**, (fM, 2 Lm, fM) in 2-Lm-Zwr*, von * bis * 2 x wdh und von * bis ** 1 x wdh, fM in denselben Zwr wie die 1. M, 1 Lm, mit fM in die 1. M verbinden. {9 M, 8 3-Lm-Zwr auf jeder Seite; je 1 2-Lm-Zwr in den Ecken}

9. Rd: 3 Lm (Anfangs-Lm), Stb auf die Verbindungs-fM, *1 M überspringen, fM in 3-Lm-Zwr, 7 x [1 Lm, 1 M überspringen, fM in 3-Lm-Zwr], 1 M überspringen**, 3 Stb in 2-Lm-Zwr*, von * bis * 2 x wdh und von * bis ** 1 x wdh, Stb in dieselbe M wie die ersten M, mit Km in die 3. Lm der Anfangs-Lm verbinden {8 M, 7 1-Lm-Zwr auf jeder Seiten; je 3 M in den Ecken}

10. Rd: 3 Lm (Anfangs-Lm), Stb in dieselbe M wie Km, *Stb in die nächsten 2 M, 7 x [Stb in 1-Lm-Zwr, Stb in die nächste M], Stb in die nächste M**, (2 Stb, 2 Lm, 2 Stb) in die nächste M*, von * bis * 2 x wdh und von * bis ** 1 x wdh, 2 Stb in denselben Zwr wie die ersten M, 2 Lm, mit Km in die 3. Lm der Anfangs-Lm verbinden. Abmaschen. {21 M auf jeder Seite; je 2-Lm-Zwr in den Ecken}

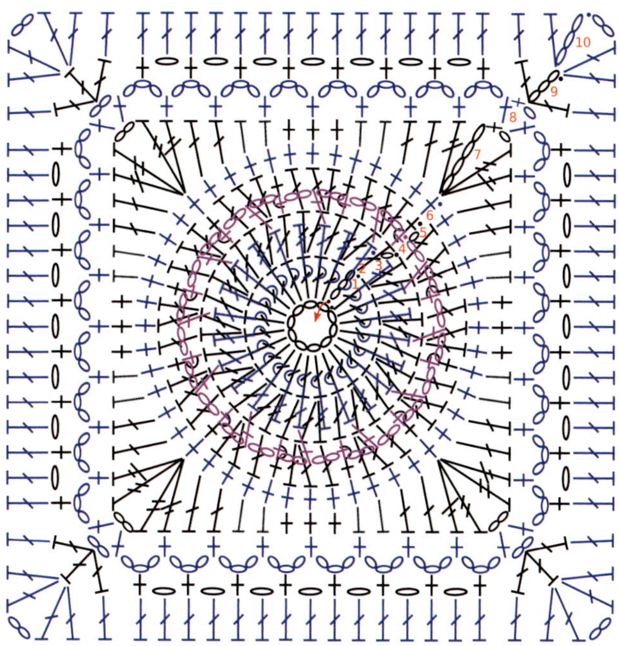

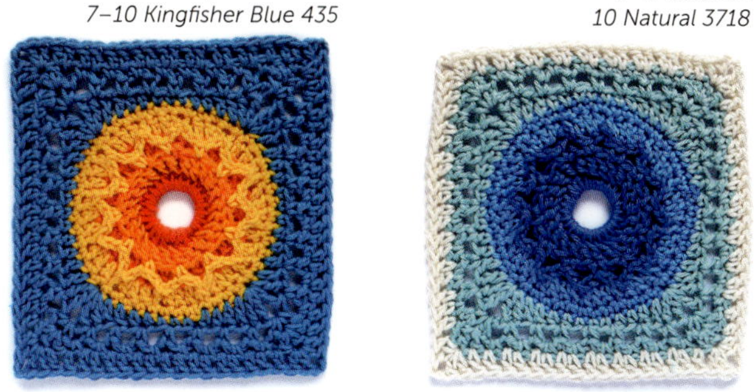

Paintbox 100 % Baumwolle, LL 125 m/50 g
1 Rose Red 414
2–3 Seville Orange 419
4–6 Buttercup Yellow 423
7–10 Kingfisher Blue 435

Cascade Ultra Pima
1–4 Turquoise 3733
5–6 Aqua 3732
7–9 Ice 3736
10 Natural 3718

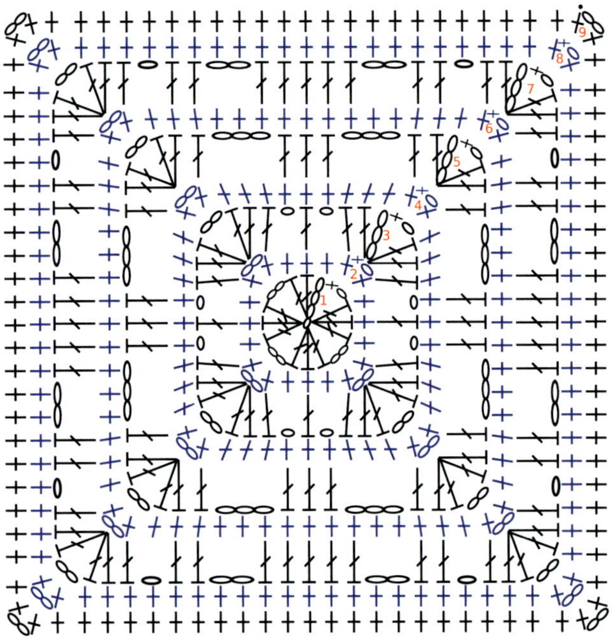

Banda

etwa 33 m

Das Garn mit einer Anfangsschlaufe an der Nadel befestigen, 1 Lm, die M der 1. Rd in den 1-Lm-Zwr häkeln.

1. Rd: 3 Lm (Anfangs-Lm), 2 Stb, *2 Lm, 3 Stb*, von * bis * 2 x wdh, 1 Lm, mit fM in die 3. Lm der Anfangs-Lm verbinden. {3 M auf jeder Seite; je 1 2-Lm-Zwr in den Ecken}

2. Rd: fM auf die Verbindungs-fM, *fM in die nächsten 3 M**, (fM, 2 Lm, fM) in 2-Lm-Zwr*, von * bis * 2 x wdh und von * bis ** 1 x wdh, fM in denselben Zwr wie die 1. M, 1 Lm, mit fM in die 1. M verbinden. {5 M auf jeder Seite; je 1 2-Lm-Zwr in den Ecken}

3. Rd: 3 Lm (Anfangs-Lm), Stb auf die Verbindungs-fM, *2 x [Stb in die nächste M, 1 Lm, 1 M überspringen], Stb in die nächste M**, (2 Stb, 2 Lm, 2 Stb) in 2-Lm-Zwr*, von * bis * 2 x wdh und von * bis ** 1 x wdh, 2 Stb in denselben Zwr wie die ersten M, 1 Lm, mit fM in die 3. Lm der Anfangs-Lm verbinden. {7 M, 2 1-Lm-Zwr auf jeder Seite; je 1 2-Lm-Zwr in den Ecken}

4. Rd: fM auf die Verbindungs-fM, *fM in die nächsten 3 M, fM in 1-Lm-Zwr, fM in die nächste M, fM in 1-Lm-Zwr, fM in die nächsten 3 M**, (fM, 2 Lm, fM) in 2-Lm-Zwr*, von * bis * 2 x wdh und von * bis ** 1 x wdh, fM in denselben Zwr wie die 1. M, 1 Lm, mit fM in die 1. M verbinden. {11 M auf jeder Seite; je 1 2-Lm-Zwr in den Ecken}

5. Rd: 3 Lm (Anfangs-Lm), Stb auf die Verbindungs-fM, *Stb in die nächste M, 3 Lm, 3 M überspringen, Stb in die nächsten 3 M, 3 Lm, 3 M überspringen, Stb in die nächste M**, (2 Stb, 2 Lm, 2 Stb) in 2-Lm-Zwr*, von * bis * 2 x wdh und von * bis ** 1 x wdh, 2 Stb in denselben Zwr wie die ersten M, 1 Lm, mit fM in die 3. Lm der Anfangs-Lm verbinden. {9 M, 2 3-Lm-Zwr auf jeder Seite; je 1 2-Lm-Zwr in den Ecken}

6. Rd: fM auf die Verbindungs-fM, *2 x [fM in die nächsten 3 M, 3 fM 3-Lm-Zwr], fM in die nächsten 3 M**, (fM, 2 Lm, fM) in 2-Lm-Zwr*, von * bis * 2 x wdh und von * bis ** 1 x wdh, fM in denselben Zwr wie die 1. M, 1 Lm, mit fM in die 1. M verbinden. {17 M auf jeder Seite; je 1 2-Lm-Zwr in den Ecken}

7. Rd: 3 Lm (Anfangs-Lm), Stb auf die Verbindungs-fM, *Stb in die nächste M, 1 Lm, 1 M überspringen, Stb in die nächsten 2 M, 2 Lm, 2 M überspringen, Stb in die nächsten 5 M, 2 Lm, 2 M überspringen, Stb in die nächsten 2 M, 1 Lm, 1 M überspringen, Stb in die nächste M**, (2 Stb, 2 Lm, 2 Stb) in 2-Lm-Zwr*, von * bis * 2 x wdh und von * bis ** 1 x wdh, 2 Stb in denselben Zwr wie die ersten M, 1 Lm, mit fM in die 3. Lm der Anfangs-Lm verbinden. {15 M, 2 1-Lm-Zwr, 2 2-Lm-Zwr auf jeder Seite; je 1 2-Lm-Zwr in den Ecken}

8. Rd: fM auf die Verbindungs-fM, *fM in die nächsten 3 M, fM in 1-Lm-Zwr, fM in die nächsten 2 M, 2 fM in 2-Lm-Zwr, fM in die nächsten 5 M, 2 fM in 2-Lm-Zwr, fM in die nächsten 2 M, fM in 1-Lm-Zwr, fM in die nächsten 3 M**, (fM, 2 Lm, fM) in 2-Lm-Zwr*, von * bis * 2 x wdh und von * bis ** 1 x wdh, fM in denselben Zwr wie 1. M, 1 Lm, mit fM in die 1. M verbinden. {23 M auf jeder Seite; je 1 2-Lm-Zwr in den Ecken}

9. Rd: fM auf die Verbindungs-fM, *fM in die nächsten 23 M**, (fM, 2 Lm, fM) in 2-Lm-Zwr*, von * bis * 2 x wdh und von * bis ** 1 x wdh, fM in denselben Zwr wie die 1. M, 2 Lm, mit Km in die 1. M verbinden. Abmaschen. {25 M auf jeder Seite; je 2-Lm-Zwr in den Ecken}

Paintbox
100 % Baumwolle,
LL 125 m/50 g
1–2 und 5–6 Royal Blue 441
3–4 und 7–9 Pillar Red 415

Cascade Ultra Pima
1–2 Turquoise 3733
3–4 Aqua 3732
5–6 Ice 3736
7–9 Natural 3718

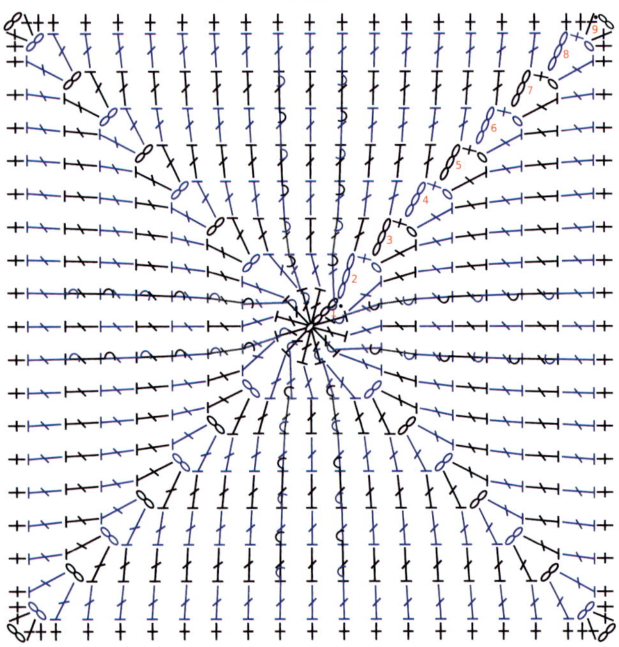

Traverse

 etwa 38 m

Das Garn mit einer Anfangsschlaufe an der Nadel befestigen, 1 Lm, die M der 1. Rd in den 1-Lm-Zwr häkeln.

1. Rd: 3 Lm (Anfangs-Lm), 11 Stb, mit Km in die 3. Lm der Anfangs-Lm verbinden. {12 M}

2. Rd: 3 Lm (Anfangs-Lm), vRStb um die M unter der Km, *Stb in die nächste M, vRStb um die nächste M, Stb in dieselbe M**, 2 Lm, Stb in die nächste M, vRStb um dieselbe M*, von * bis * 2 x wdh und von * bis ** 1 x wdh, 1 Lm, mit fM in die 3. Lm der Anfangs-Lm verbinden. {5 M auf jeder Seite; je 1 2-Lm-Zwr}

3. Rd: 3 Lm (Anfangs-Lm), *2 x [Stb in die nächste M, vRStb um die nächste M], Stb in die nächste M**, (Stb, 2 Lm, Stb) in 2-Lm-Zwr*, von * bis * 2 x wdh und von * bis ** 1 x wdh, Stb in denselben Zwr wie die 1. M, 1 Lm, mit fM in die 3. Lm der Anfangs-Lm verbinden. {7 M auf jeder Seite; je 1 2-Lm-Zwr in den Ecken}

4. Rd: 3 Lm (Anfangs-Lm), *Stb in die nächsten 2 M, vRStb um die nächste M, Stb in die nächste M, vRStb um die nächste M, Stb in die nächsten 2 M**, (Stb, 2 Lm, Stb) in 2-Lm-Zwr*, von * bis * 2 x wdh und von * bis ** 1 x wdh, Stb in denselben Zwr wie die 1. M, 1 Lm, mit fM in die 3. Lm der Anfangs-Lm verbinden. {9 M auf jeder Seite; je 1 2-Lm-Zwr in den Ecken}

5. Rd: 3 Lm (Anfangs-Lm), *Stb in die nächsten 3 M, vRStb um die nächste M, Stb in die nächste M, vRStb um die nächste M, Stb in die nächsten 3 M**, (Stb, 2 Lm, Stb) in 2-Lm-Zwr*, von * bis * 2 x wdh und von * bis ** 1 x wdh, Stb in denselben Zwr wie die 1. M, 1 Lm, mit fM in die 3. Lm verbinden. {11 M auf jeder Seite; je 1 2-Lm-Zwr in den Ecken}

6. Rd: 3 Lm (Anfangs-Lm), *Stb in die nächsten 4 M, vRStb um die nächste M, Stb in die nächste M, vRStb um die nächste M, Stb in die nächsten 4 M**, (Stb, 2 Lm, Stb) in 2-Lm-Zwr*, von * bis * 2 x wdh und von * bis ** 1 x wdh, Stb in denselben Zwr wie die 1. M, 1 Lm, mit fM in die 3. Lm der Anfangs-Lm verbinden. {13 M auf jeder Seite; je 1 2-Lm-Zwr in den Ecken}

7. Rd: 3 Lm (Anfangs-Lm), *Stb in die nächsten 5 M, vRStb um die nächste M, Stb in die nächste M, vRStb um die nächste M, Stb in die nächsten 5 M**, (Stb, 2 Lm, Stb) in 2-Lm-Zwr*, von * bis * 2 x wdh und von * bis ** 1 x wdh, Stb in denselben Zwr wie die 1. M, 1 Lm, mit fM in die 3. Lm der Anfangs-Lm verbinden. {15 M auf jeder Seite; je 1 2-Lm-Zwr in den Ecken}

8. Rd: 3 Lm (Anfangs-Lm), *Stb in die nächsten 6 M, vRStb um die nächste M, Stb in die nächste M, vRStb um die nächsten M, Stb in die nächsten 6 M**, (Stb, 2 Lm, Stb) in 2-Lm-Zwr*, von * bis * 2 x wdh und von * bis ** 1 x wdh, Stb in denselben Zwr wie die 1. M, 1 Lm, mit fM in die 3. Lm der Anfangs-Lm verbinden. {17 M auf jeder Seite; je 1 2-Lm-Zwr in den Ecken}

9. Rd: 2 fM auf die Verbindungs-fM, *fM in die nächsten 17 M**, (2 fM, 2 Lm, 2 fM) in 2-Lm-Zwr*, von * bis * 2 x wdh und von * bis ** 1 x wdh, 2 fM in denselben Zwr wie die ersten M, 2 Lm, mit Km in die 1. M verbinden. Abmaschen. {21 M auf jeder Seite; je 1 2-Lm-Zwr in den Ecken}

Erweitern

Nach der 8. Rd diese noch so oft wie nötig wdh, dabei die Maschenzahl wie folgt erhöhen:

8. Rd: „Stb in die nächsten # + 1 M ... Stb in die nächsten # + 1 M" {# + 2 M ...}

Dann die 9. Rd häkeln, dabei auf den Seiten in jede M 1 M arbeiten.

Cascade Ultra Pima
1–3 Turquoise 3733
4–6 Aqua 3732
7–8 Ice 3736
9 Natural 3718

Bendigo Woollen Mills Luxury, 100 % Wolle, LL 400 m/200 g
1, 3, 5 und 7 Curry 308
2, 4, 6 und 8–9 Sangria 351

Projekte

Jetzt ist es Zeit zu überlegen, was man mit allen diesen Granny Squares macht.

Du kannst damit eines meiner folgenden Projekte anfertigen oder eigene entwerfen.

Zunächst zeige ich dir elf Projekte, bei denen alles, was du dafür benötigst, angegeben ist – das Garn und wie viel du davon brauchst, die Nadelstärke und die Anleitungen, um es fertigzustellen. Dabei gibt es schnelle, einfache Dinge wie Untersetzer sowie große, schöne Decken, außerdem ein paar Kleidungsstücke.

Im Anschluss daran mache ich dir ein paar Vorschläge und gebe Tipps, wie du eigene Projekte erstellen kannst.

Stola Melbourne: Seite 92

Glasuntersetzer Radius: Seite 86

Topfuntersetzer Hot Shot: Seite 87

Loop-Schal Sunshine: Seite 88

Schal Dahlia: Seite 89

Kissentopper Killarney: Seite 90

Kissenbezug Deco: Seite 91

Babydecke Cirque: Seite 95

Decke Prism Lap: Seite 96

Decke Blossoming Flowers: Seite 98

Decke Heirloom Sampler: Seite 101

Glasuntersetzer Radius

Was wird angefertigt

4 runde Glasuntersetzer, 11 cm Durchmesser

Garn und Verbrauch

Yarn and Colours Must Have Minis
100 % Baumwolle
1 Knäuel = 25 m/10 g

A: 1 Knäuel in Anthracite (099), davon 8,5 g
B: 1 Knäuel in Shark Grey (096), davon 8,5 g
C: 1 Knäuel in Silver (094), davon 8,5 g

Nadelstärke

3,5 mm

Anleitung

Die ersten 6 Runden vom Muster Radius (Seite 63) häkeln, 4 Untersetzer anfertigen.

Rd 1–3: Farbe A

Rd 4–6: Farbe B

Rd 6: Farbe C

Nach der 6. Rd wie folgt fortfahren:

Mit Farbe C Km an einen 2-Lm-Zwr anmaschen, 3 Lm (Anfangs-Lm) (keine falschen Stb arbeiten), 5 Stb in denselben Zwr, *1 Lm, 4 M überspringen**, 7 Stb in 2-Lm-Zwr*, von * bis * 6 x wdh und von * bis ** 1 x wdh, Stb in denselben Zwr wie die ersten M, mit uns Verb in das 1. Stb verbinden. Abmaschen. {56 M, 8 1-Lm-Zwr}

Topfuntersetzer Hot Shot

Was wird angefertigt

1 quadratischer Topfuntersetzer, 25 cm Seitenlänge

Garn und Verbrauch

Bendigo Woollen Mills
100 % Baumwolle
1 Knäuel = 360 m/200 g

- 1 Knäuel in French Navy (814), davon etwa 210 m

Nadelstärke

5 mm

Anleitung

Zwei Quadrate mit dem Muster D'Urville (Seite 44) häkeln, dabei das Muster erweitern.

Nach der 7. Rd nicht fortfahren, sondern die 6. und 7. Rd 3 x wdh, dabei die Maschenzahl wie folgt erhöhen:

6. Rd: „... Stb in die nächsten # + 4 M der #. + 2 Rd"
{# + 4 M ...}

7. Rd: „... M der #. Rd + 2 M überspringen, # +1 x [..."
{# + 2 M, # +1 2-Lm-Zwr ...}

Dann die folgenden Runden hinzufügen:

14. Rd: 3 Lm (Anfangs-Lm), 2 Stb in dieselbe M wie Km, *(die M und Lm-Zwr der 13. Rd überspringen), Stb in die nächsten 24 M der 12. Rd, 2 Stb in die nächsten M der 12. Rd**, 5 Stb in die nächsten M der 13. Rd*, von * bis * 2 x wdh und von * bis ** 1 x wdh, 2 Stb in denselben Zwr wie die ersten M, mit Km in die 3. Lm der Anfangs-Lm verbinden. {26 M auf jeder Seite; je 5 M in den Ecken}

15. Rd: fM in dieselbe M wie Km, *fM in die nächsten 2 M der 14. Rd, 7 x [2 mStb in 2-Lm-Zwr der 13. Rd und die nächsten M der 14. Rd, fM in 2 M der 14. Rd]**, (fM, 2 Lm, fM) in die nächsten M der 14. Rd*, von * bis * 2 x wdh und von * bis ** 1 x wdh, fM in denselben Zwr wie die 1. M, 1 Lm, mit fM in die 1. M verbinden. {32 M auf jeder Seite; je 1 2-Lm-Zwr in den Ecken}

16. Rd: fM auf die Verbindungs-fM, *fM in die nächsten 32 M**, (fM, 2 Lm, fM) in 2-Lm-Zwr*, von * bis * 2 x wdh und von * bis ** 1 x wdh, fM in denselben Zwr wie die 1. M, 1 Lm, mit fM in die 1. M verbinden. {34 M auf jeder Seite; je 1 2-Lm-Zwr in den Ecken}

Am Ende des zweiten Quadrats 1 Lm häkeln und mit fM in die 1. M verbinden.

Die Quadrate links auf links legen, fM auf die Verbindungs-fM und in den 2-Lm-Zwr des anderen Quadrats häkeln. Dann *fM in die nächsten 34 M beider Quadrate**, 3 fM in 2-Lm-Zwr beider Quadrate*, von * bis * 2 x wdh und von * bis ** 1 x wdh, fM in denselben 2-Lm-Zwr wie die 1. M, 12 Lm, 1 Lm überspringen, fM in jede der 11 Lm, wenden, Km in die nächsten 11 M, Km in die 1. M der Verbindungs-Rd, den Faden abschneiden, vernähen und so die Schlaufe zum Aufhängen fixieren. Abmaschen.

Loop-Schal Sunshine

Was wird angefertigt

1 Loop-Schal, 75 cm Umfang und 15 cm breit

Garn und Verbrauch

White Gum Wool Hand dyed By Briony
70 % Merinowolle, 30 % Seide
1 Strang = 286 m/100 g

- 1 Strang in Sunshine, davon etwa 231 m

Nadelstärke

4 mm

Anleitung

Fünf Quadrate mit dem Muster Kruis (Seite 52) anfertigen.

Die Quadrate zu einem Streifen verbinden und dann mit der Reißverschluss-Verbindung zu einem Loop schließen.

Obere und untere Kante

Die Arbeit so hinlegen, dass die Vorderseite nach oben zeigt. Den Faden mit einer Km in ein hMg einer M anbringen, Km in hMg aller M am Rand häkeln, mit uns Verb in die 1. Km verbinden. Abmaschen. Auf der anderen Seite wdh.

Schal Dahlia

Was wird angefertigt

1 Schal, 22 cm breit und 160 cm lang

Garn und Verbrauch

Scheepjes Our Tribe
70 % Merinowolle, 30 % Polyamid
1 Knäuel = 420 m/100 g

- 2 Knäuel in Haak Maar Raak (963), davon etwa 830 m

Nadelstärke

3 mm

Anleitung

30 Quadrate mit dem Muster Dahlia (Seite 36) anfertigen.

Abweichung von Muster

Den magischen Ring fest zusammenziehen.

Verbinden

Verbinde die Quadrate mit den fM auf der Rückseite zu 2 Streifen mit je 15 Squares und setze sie dann zu einem Rechteck zusammen.

Randeinfassung

1. Rd: Garn mit AS und fM in einem 2-Lm-Zwr einer Ecke anmaschen, *fM in jede M auf der Seite, fM in jeden 2-Lm-Zwr und Verb**, (fM, 2 Lm, fM) in 2-Lm-Zwr in der Ecke*, von * bis * 2 x wdh und von * bis ** 1 x wdh, fM in denselben Zwr wie die 1. M, 1 Lm, mit fM in die 1. M verbinden.

2. Rd: 3 Lm (Anfangs-Lm), *Stb in jede M auf der Seite**, (Stb, 2 Lm, Stb) in 2-Lm-Zwr*, von * bis * 2 x wdh und von * bis ** 1 x wdh, Stb in denselben Zwr wie die 1. M, 2 Lm, mit Km in die 3. Lm der Anfangs-Lm verbinden. Abmaschen.

Kissentopper Killarney

Was wird angefertigt

Ein quadratischer Kissenbezug, 60 cm Seitenlänge

Garn und Verbrauch

Great Ocean Road Woollen Mill
50 % Alpaka, 50 % Wolle
1 Strang = 158 m/100 g

A: 1 Strang in Granite, davon etwa 141 m
B: 1 Strang in Sandstone, davon etwa 116 m

Nadelstärke

5 mm

Außerdem brauchst du noch ein 40 cm großes Kissen, Nähgarn und -nadel.

Anleitung

Mit Farbe A beginnen und die Farbe alle 3 Runden wechseln.

Die 1.–6. Rd vom Muster Killarney (Seite 46) häkeln, dann wie folgt erweitern:

Die 6. Rd 12 x wdh, dabei die Stelle „... in die nächsten # M ... in die nächsten # M**" jedes Mal um 2 M und 2 M erweitern. So erhöht sich die Maschenzahl in jeder Runde um 4.

In der 18. Rd zählt jede Seite 69 M.

19. Rd: Die Farbe A mit AS und fM an einem 2-Lm-Zwr in einer Ecke anmaschen, *fM in die nächsten 69 M**, (fM, 2 Lm, 2 fM) in 2-Lm-Zwr in der Ecke*, von * bis * 2 x wdh und von * bis ** 1 x wdh, fM in denselben Zwr wie die 1. M, 2 Lm, mit Km in die 1. M verbinden. Abmaschen. {71 M auf jeder Seite; je 1 2-Lm-Zwr in den Ecken}

Das Quadrat oben auf das Kissen legen, an den Ecken und Seiten mit Stecknadeln feststecken und von Hand auf das Kissen nähen.

Kissenbezug Deco

Was wird angefertigt

Ein großes Kissen, 46 cm Seitenlänge

Garn und Verbrauch

Bendigo Woollen Mills
100 % Baumwolle
1 Knäuel = 484 m/200 g

A: 1 Knäuel in Storm Cloud (827), davon etwa 411 m
B: 1 Knäuel in Glacier (818), davon etwa 181 m

Nadelstärke

4 mm

Außerdem brauchst du ein Kisseninlet oder fertiges Kissen mit 46 cm Seitenlänge.

Anleitung

1. Quadrat

Mit dem Muster Deco (Seite 22) 5 Kreise in Farbe A und 4 Kreise in Farbe B häkeln, dabei der Anleitung bis zur 4. Rd folgen. Dann abmaschen.

Die 5. und 6. Rd häkeln, sodass Quadrate entstehen. Das Garn mit einer AF und DStb in dieselbe M anmaschen wie die Km. Für die Kreise in Farbe A nun Farbe B verwenden und umgekehrt.

Die 9 Quadrate wie auf dem Foto in einem Schachbrettmuster anordnen. Dann mit dem Garn in Farbe A auf der Vorderseite mit fM verbinden.

Randeinfassung

Garn in Farbe A mit AS und fM in einem 2-Lm-Zwr einer Ecke anmaschen, *fM in jede M auf der Seite, fM in jeden 2-Lm-Zwr, die Verb übergehen**, (fM, 2 Lm, fM) in 2-Lm-Zwr in der Ecke*, von * bis * 2 x wdh und von * bis ** 1 x wdh, fM in denselben Zwr wie die 1. M, 2 Lm, mit Km in die 1. M verbinden. {69 M auf jeder Seite; je 1 2-Lm-Zwr in den Ecken}

2. Quadrat

Ein großes Quadrat mit 46 cm Seitenlänge häkeln, dafür das Deco-Muster wie folgt erweitern

Die 6. Rd ersetzen durch: 4 Lm (Anfangs-Lm), DStb in denselben 2-Lm-Zwr, *DStb in die nächsten 19 M**, (2 DStb, 2 Lm, 2 DStb) in 2-Lm-Zwr*, von * bis * 2 x wdh und von * bis ** 1 x wdh, 2 DStb in denselben Zwr wie die 1. M, 1 Lm, mit fM in die 4. Lm der Anfangs-Lm verbinden. {23 M auf jeder Seite; je 1 2-Lm-Zwr in den Ecken}

Die 6. Rd 8 x wdh, dabei „... in die nächsten # M**" jedes Mal um 4 M erweitern. Die Maschenzahl erhöht sich so in jeder Runde um 4 Maschen.

In der 14. Rd zählt jede Seite 55 M.

15. Rd: 2 fM auf die Verbinden-fM, *fM in die nächsten 55 M**, (2 fM, 2 Lm, 2 fM) in 2-Lm-Zwr*, von * bis * 2 x wdh und von * bis ** 1 x wdh, 2 fM in denselben Zwr wie die 1. M, 2 Lm, mit Km in die 1. M verbinden. Abmaschen. {59 M auf jeder Seite; je 1 2-Lm-Zwr in den Ecken}

Beide großen Quadrate spannen.

Den Bezug zusammensetzen

Das 1. Quadrat hat 69 M auf jeder Seite, das 2. Quadrat 59 M.

Die Quadrate links auf links aufeinanderlegen. Einen Faden in Farbe A mit AS und fM an einem 2-Lm-Zwr in einer Ecke beider Quadrate anmaschen, fM in dieselben 2-Lm-Zwr, *9 x [fM in alle Maschenglieder der nächsten 6 M beider Quadrate, fM in die letzte M vom 2. Quadrat und die nächste M vom 1. Quadrat], fM in alle Maschenglieder der nächsten 5 M beider Quadrate, fM in die letzte M des 1. Quadrats und die nächste M des 2. Quadrats**, 3 fM in 2-Lm-Zwr der Ecken beider Quadrate*, von * bis * 2 x wdh, das Kisseninlet einlegen, von * bis ** 1 x wdh, fM in denselben Zwr wie die 1. M, mit Km in die 1. M verbinden. Abmaschen {69 M auf jeder Seite; je 3 M in den Ecken}

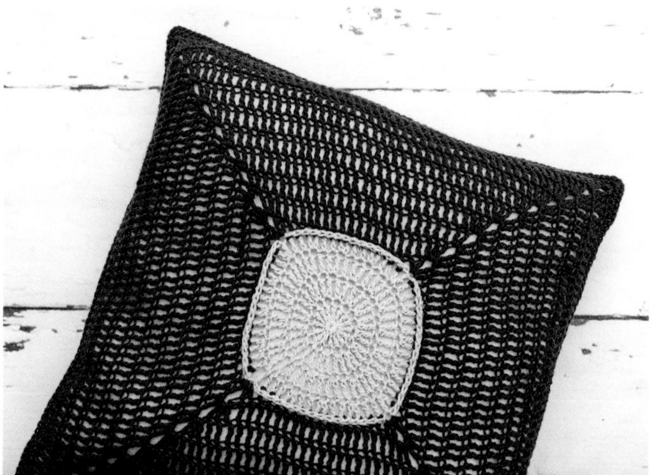

Stola Melbourne

Was wird angefertigt

Ein Schal/Eine Stola, 188 cm lang, 47 cm breit

Garn und Verbrauch

Scheepjes Our Tribe
70 % Merinowolle, 30 % Polyamid
1 Knäuel = 420 m/100 g

- 4 Knäuel in Lilla Bjorn (969), davon etwa 1596 m

Nadelstärke

3 mm

Anleitung

1. Schritt

32 Quadrate mit dem Muster Melbourne (Seite 60) anfertigen.

Diese mit fM auf der Rückseite zu einem Rechteck von 8 x 4 Quadraten zusammenhäkeln.

2. Schritt

2 große Quadrate anfertigen, dafür das Muster Melbourne erweitern und die 4.–7. Rd 7 x wiederholen.

Die Maschenzahl erhöht sich in jeder Runde wie folgt:

4. Rd: die Maschenzahl an der Stelle „... in die nächsten # M**" jedes Mal um 10 M erhöhen. So erhöht sich auch die Maschenzahl insgesamt jedes Mal um 10 Maschen.

5. Rd: die Anzahl an der Stelle „#x [1 Lm, ... überspringen" jedes Mal um 5 erhöhen. Die Anzahl an Maschen und Lm-Zwr erhöht sich jedes Mal um 5.

6. Rd: die Anzahl an der Stelle „#x [fM in die nächste M ..." um 5 erhöhen. Die Maschenzahl erhöht sich jedes Mal um 10 Maschen.

7. Rd: die Maschenzahl an der Stelle „... in die nächsten # M**" jedes Mal um 10 erhöhen. Die Maschenzahl erhöht sich jedes Mal um 10 Maschen.

35. Rd: zum Schluss 2 Lm, mit Km in die 3. Lm der Anfangs-Lm verbinden. Bei dieser Runde werden auf jeder Seite 91 Maschen gehäkelt.

Verbinden

Hinweis: Die großen Quadrate an den 2-Lm-Zwr und Verbindungen des Rechtecks aus den kleinen Quadraten verbinden.

Die Quadrate mit fM auf der Rückseite zusammenhäkeln, dabei den Unterschied von 4 M in der jeweiligen Maschenzahl gleichmäßig verteilt ausgleichen.

Randeinfassung

1. Rd: Garn mit AS und fM in einem 2-Lm-Zwr einer Ecke anmaschen, *fM in jede M auf der Seite, fM in jeden 2-Lm-Zwr und Verb**, (fM, 2 Lm, fM) in 2-Lm-Zwr in der Ecke*, von * bis * 2 x wdh und von * bis ** 1 x wdh, fM in denselben Zwr wie die 1. M, 2 Lm, mit Km in die 1. M verbinden.

Fransen

190 Fäden von je 20 cm Länge zurechtschneiden und auf den kurzen Seiten der Stola mit der Häkelnadel an jeder M und 2-Lm-Zwr in den Ecken befestigen.

Dafür die Nadel in eine M stechen, den Faden mittig falten und an der Schlaufe durchziehen, dann die Enden durch die Schlaufe führen und festziehen.

Babydecke Cirque

Was wird angefertigt

Eine Babydecke, 96 cm breit und 130 cm lang

Garn und Verbrauch

Bendigo Woollen Mills
100 % Baumwolle
1 Knäuel = 670 m/200 g

R: 1 Knäuel in Pomegranate (819), davon etwa 170 m
O: 1 Knäuel in Peach (807), davon etwa 170 m
Y: 1 Knäuel in Daffodil (806), davon etwa 170 m
G: 1 Knäuel in Honeydew (897), davon etwa 170 m
B: 1 Knäuel in Sky (812), davon etwa 170 m
P: 3 Knäuel in Parchment (816), davon etwa 1621 m

Nadelstärke

3 mm

Anleitung

Aus jeder Farbe 14 Kreise mit dem Muster Cirque (Seite 38) anfertigen, dabei die 1.–4. Rd häkeln. Anschließend jeweils in Farbe P die 5.–7. Rd häkeln, sodass Quadrate entstehen.

Verbinden

Für die Farbfolge siehe das Schema rechts. Die Quadrate auf der Rückseite mit fM in Farbe P verbinden.

Randeinfassung

1. Rd: Garn in Farbe P mit AS und fM in einem 2-Lm-Zwr einer Ecke anmaschen, *fM in jede M auf der Seite, fM in jeden 2-Lm-Zwr und Verb**, (fM, 2 Lm, fM) in 2-Lm-Zwr in der Ecke*, von * bis * 2 x wdh und von * bis ** 1 x wdh, fM in denselben Zwr wie die 1. M, 1 Lm, mit fM in die M verbinden.

2. Rd: fM auf die Verbindungs-fM, *fM in jede M auf der Seite**, (fM, 2 Lm, fM) in 2-Lm-Zwr*, von * bis * 2 x wdh und von * bis ** 1 x wdh, fM in denselben Zwr die 1. M, 2 Lm, mit Km in die 1. M verbinden. Abmaschen.

3. Rd: Garn in Farbe B mit AS und fM in einem 2-Lm-Zwr einer Ecke anmaschen, *fM in jede M auf der Seite**, (fM, 2 Lm, fM) in 2-Lm-Zwr*, von * bis * 2 x wdh und von * bis ** 1 x wdh, fM in denselben Zwr wie die 1. M, 2 Lm, mit Km in die 1. M verbinden. Abmaschen.

4. Rd: die 3. Rd mit Farbe P wdh.

5. Rd: die 3. Rd mit Farbe G wdh.

6. Rd: die 3. Rd mit Farbe P wdh.

7. Rd: die 3. Rd mit Farbe Y wdh.

8. Rd: die 3. Rd mit Farbe P wdh.

9. Rd: die 3. Rd mit Farbe O wdh.

10. Rd: die 3. Rd mit Farbe P wdh.

11. Rd: die 3. Rd mit Farbe R wdh.

12. Rd: die 3. Rd mit Farbe P wdh.

13. Rd: die 3. Rd mit Farbe P wdh.

R	O	Y	G	B	R	O
O	Y	G	B	R	O	Y
Y	G	B	R	O	Y	G
G	B	R	O	Y	G	B
B	R	O	Y	G	B	R
R	O	Y	G	B	R	O
O	Y	G	B	R	O	Y
Y	G	B	R	O	Y	G
G	B	R	O	Y	G	B
B	R	O	Y	G	B	R

Decke Prism Lap

Was wird angefertigt

Eine quadratische Decke, 115 cm Seitenlänge

Garn und Verbrauch

Paintbox Yarns
100 % Baumwolle
1 Knäuel = 125 m/50 g

R: 2 Knäuel in Tomato Red (413), davon etwa 176 m
O: 2 Knäuel in Mandarin Orange (418), davon etwa 176 m
Y: 2 Knäuel in Daffodil Yellow (422), davon etwa 176 m
G: 2 Knäuel in Grass Green (430), davon etwa 176 m
B: 2 Knäuel in Kingfisher Blue (435), davon etwa 176 m
I: 2 Knäuel in Royal Blue (441), davon etwa 176 m
V: 2 Knäuel in Rich Mauve (4445), davon etwa 176 m
W: 7 Knäuel in Washed Teal (433), davon etwa 781 m

Nadelstärke

4 mm

Anleitung

Das Muster Corona (Seite 35) häkeln, dabei Farbwechsel wie folgt vornehmen:

1.–2. Rd: Farbe 1

3.–4. Rd: Farbe 2

5. Rd: Farbe 3

6.–7. Rd: Farbe 4

8.–9. Rd: Farbe 5

49 Quadrate anfertigen, jeweils 7 in folgender Farbfolge:

1: **R - O - Y - G - W**

2: **O - Y - G - B - W**

3: **Y - G - B - I - W**

4: **G - B - I - V - W**

5: **B - I - V - R - W**

6: **I - V - R - O - W**

7: **V - R - O - Y - W**

Verbinden

Zur Reihenfolge der Quadrate siehe das Schema rechts. Die Quadrate mit dem Garn in Farbe W und fM auf der Rückseite zusammenhäkeln.

Randeinfassung

1. Rd: Garn in Farbe W mit AS und fM in einem 2-Lm-Zwr einer Ecke anmaschen, *fM in jede M auf der Seite, fM in jeden 2-Lm-Zwr und Verb**, (fM, 2 Lm, fM) in 2-Lm-Zwr*, von * bis * 2 x wdh und von * bis ** 1 x wdh, fM in denselben Zwr wie die 1. M, 1 Lm mit fM in die 1. M verbinden.

2. Rd: 3 Lm (Anfangs-Lm), *Stb in jede M auf der Seite**, (Stb, 2 Lm, Stb) in 2-Lm-Zwr*, von * bis * 2 x wdh und von * bis ** 1 x whd, Stb in denselben Zwr wie die 1. M, 1 Lm mit fM in die 3. Lm der Anfangs-Lm verbinden.

3. Rd: fM auf die Verbindungs-fM, *(3 Lm, 1 M überspringen) auf der Seite, 3 Lm, die letzte M überspringen**, fM in 2-Lm-Zwr*, von * bis * 2 x wdh und von * bis ** 1 x wdh, mit Km in die 1. M verbinden. Abmaschen.

5	5	5	5	5	5	5
6	6	6	6	6	6	6
7	7	7	7	7	7	7
1	1	1	1	1	1	1
2	2	2	2	2	2	2
3	3	3	3	3	3	3
4	4	4	4	4	4	4

LOVE
DREAM
HOPE

Decke Blossoming Flowers

Was wird angefertigt

Eine quadratische Blumendecke, 117 cm Seitenlänge

Garn und Verbrauch

King Cole Cottonsoft
100 % Baumwolle
1 Knäuel = 210 m/100 g

B: 1 Knäuel in Buttercup (1600), davon etwa 131 m
P: 1 Knäuel in Hot Pink (1848), davon etwa 111 m
R: 1 Knäuel in Rose (1577), davon etwa 91 m
C: 1 Knäuel in Cherry (719), davon etwa 116 m
O: 1 Knäuel in Orchid (3033), davon etwa 116 m
V: 1 Knäuel in Violet (717), davon etwa 111 m
S: 2 Knäuel in Sage (1576), davon etwa 421 m
L: 5 Knäuel in Lime (1601), davon etwa 931 m

Nadelstärke

4 mm

Anleitung

Quadrate mit den Mustern Bloem (Seite 66), Bulaklak (Seite 54), Pinkie (Seite 76) und Solomon (Seite 50) anfertigen.

Dafür folgende Muster-Farb-Kombination arbeiten:

12 Bloem: 2 x C, 2 x O, 2 x P, 3 x R, 3 x V

9 Bulaklak: 2 x C, 2 x O, 2 x P, 1 x R, 2 x V

20 Pinkie: 4 x C, 4 x O, 4 x P, 4 x R, 4 x V

8 Solomon: 2 x C, 2 x O, 1 x P, 2 x R, 1 x V

Farbwechsel in folgenden Runden vornehmen:

BLOEM

1. Rd: B

2.–3. Rd: C, O, P, R oder V

4.–7. Rd: S

8.–11. Rd: L

PINKIE

1.–3. Rd: B

4. Rd: C, O, P, R oder V

5.–6. Rd: S

7.–8. Rd: L

BULAKLAK

1.–3. Rd: B

4.–6. Rd: C, O, P, R oder V

7.–10. Rd: S

11.–12. Rd: L

SOLOMON

1.–2. Rd: B

3. Rd: C, O, P, R oder V

4.–7. Rd: S

8.–10. Rd: L

Layout

Blo C	Pin C	Pin C	Blo C	Pin V	Pin V	Blo V
Pin C	Bul C	Sol C	Bul V	Sol R	Bul V	Pin V
Pin C	Sol C	Blo R	Pin R	Blo V	Sol V	Pin V
Blo O	Bul C	Pin R	Bul R	Pin R	Bul P	Blo V
Pin O	Sol R	Blo R	Pin R	Blo R	Sol P	Pin P
Pin O	Bul O	Sol O	Bul O	Sol P	Bul P	Pin P
Blo O	Pin O	Pin O	Blo P	Pin P	Pin P	Blo P

Verbinden

Für die Musterfolge siehe das Schema links. Die Quadrate mit dem Garn L und fM auf der Rückseite verbinden. Die Muster Bloem und Bulaklak haben 21 M auf einer Seite, die Muster Pinkie und Solomon 23 M. Wenn ein Quadrat mit 23 Maschen mit einem mit 21 Maschen verbunden wird, dieselbe Masche zweimal auf dem kleineren Quadrat arbeiten, einmal dicht am Anfang und einmal am Ende der Verbindung.

Randeinfassung

1. Rd: Garn in Farbe L mit AS und fM in einem 2-Lm-Zwr einer Ecke anmaschen, *fM in jede M auf der Seite, fM in jeden 2-Lm-Zwr und Verb**, (fM, 2 Lm, fM) in 2-Lm-Zwr in der Ecke*, von * bis * 2 x wdh und von * bis ** 1 x wdh, fM in denselben Zwr wie die 1. M, 1 Lm, mit fM in die 1. M verbinden.

2. Rd: fM auf Verbindungs-fM, *fM in jede M auf der Seite**, (fM, 2 Lm, fM) in 2-Lm-Zwr*, von * bis * 2 x wdh und von * bis ** 1 x wdh, fM in denselben Zwr wie die 1. M, 1 Lm, mit fM in die 1. M verbinden.

3. Rd: fM auf Verbindungs-fM, *fM in die nächsten 2 M, 35 x [1 M überspringen, Stb in die nächste M, (hStb, 2 Stb) um die eben gehäkelte M, fM in die nächsten 3 M]**, (fM, 2 Lm, fM) in 2-Lm-Zwr*, von * bis * 2 x wdh und von * bis ** 1 x wdh, fM in denselben Zwr wie die 1. m, 2 Lm, mit Km in die 1. M verbinden. Abmaschen.

Decke Heirloom Sampler

Was wird angefertigt

Eine Decke, 135 x 114 cm

Garn und Verbrauch

Bendigo Woollen Mills
100 % Baumwolle
1 Knäuel = 486 m/200 g

- 5 Knäuel in Parchment (816), davon etwa 2311 m

Nadelstärke

4 mm

Anleitung

Jeweils 1 Quadrat aus jedem der 50 Muster anfertigen, dabei 6 beliebige Muster zweimal häkeln.

Die 56 Quadrate gitterförmig zu 7 x 8 Squares anordnen und mit fM auf der Rückseite verbinden. Die Reihenfolge spielt dabei keine Rolle. Ich habe die festeren Squares an den Rändern und die dünneren in der Mitte platziert.

Die Decke mit einem einfachen Rand einfassen, siehe dazu die Tipps zum Ausarbeiten (Seite 16).

Eigene Projekte entwerfen

Häkelquadrate können auf ganz verschiedene Arten weiterverarbeitet werden. Ich habe dir ein paar Projekte gezeigt, aber du kannst daraus noch viele andere Dinge machen.

Befolge diese Schritte, um eigene Kreationen mit den Mustern aus diesem Buch zu entwerfen.

Lege fest, was du anfertigen möchtest

Hier sind ein paar Ideen für den Anfang:

- Verwende meine Projekte als Vorlage und tausche die Muster für die Quadrate aus.
- Fertige eine Girlande aus quadratischen Wimpeln als Dekoration für dein Zimmer an.
- Schals und Tücher sind eine einfache Möglichkeit, ein oder zwei Muster auszuprobieren.
- Kissen sind schnelle, einfache Projekte.
- Decken sind großartig und können richtig Spaß machen. Du kannst eine kleine Decke für ein Neugeborenes häkeln, eine Decke, mit der du dich im Winter am Schreibtisch wärmen kannst, eine Kuscheldecke fürs Sofa oder sogar einen Überwurf für ein großes Bett.
- Das Tolle an einer Decke ist, dass du sie in jeder beliebigen Größe anfertigen kannst. Wenn sie für ein Bett gedacht ist, musst du festlegen, ob sie an den Seiten herunterhängen oder nur oben aufliegen soll. Die Größe hängt ganz von dir ab.

Muster und Form wählen

Wenn du dich entschieden hast, was du häkeln möchtest, musst du ein wenig planen, damit du weißt, wie viel Garn du benötigst.

Nimm dafür Karopapier oder erzeuge auf deinem Computer eine Vorlage mit Quadraten, um die Form darauf zu entwerfen. Wenn du dein(e) Muster ausgewählt hast, hilft dir festzulegen, wie viele Quadrate du häkeln musst.

Dann ist es Zeit, die Muster für dein Projekt auszuwählen. Hier sind ein paar Möglichkeiten. Aber ich bin mir sicher, dass du noch viele weitere entwickeln wirst.

- Verwende ein Muster, häkele aber jedes Quadrat mit einer anderen Farbe.
- Verwende zwei oder mehr Muster mit ähnlichem Thema oder in ähnlicher Form. Vielleicht ein paar Muster, bei denen Kreise in Quadrate übergehen, oder Muster mit floralen Formen.
- Verwende unterschiedliche Quadrate, zum Beispiel ein dicht gehäkeltes und eines mit Lochmuster oder eines mit aufwendigerem Muster und eines mit einfachem Muster.
- Wenn du ein Muster in vielen unterschiedlichen Farben häkelst, kannst du auf diese Weise prima Garnreste aufbrauchen.
- Nimm ein Muster und arbeite alle Quadrate im selben Farbverlauf.
- Arbeite mehrere oder alle Muster in derselben Farbgebung.
- Verwende nur ein Muster, aber arbeite jedes Quadrat mit 2 Farben und wechsele deren Reihenfolge.
- Wähle ein fortlaufendes Muster mit dem entsprechenden Symbol zum Erweitern und fertige eine große quadratische Decke an, wie eine traditionelle quadratische Granny-Decke. Wie das geht, siehst du bei der Stola Melbourne (Seite 92) und beim Kissentopper Killarney (Seite 90).

Garn auswählen

Wähle ein Garn, das deinem Geschmack, deinem Budget und dem Zweck entspricht. Wenn du deiner Arbeit einen ganz anderen Look verleihen möchtest, kannst du auch dünneres oder dickeres Garn als hier angegeben verwenden.

Häkelnadel auswählen

Schreck nicht davor zurück, es auch mal mit einer anderen Nadelstärke als für dein Garn empfohlen zu probieren. Experimentiere ein wenig und sieh, welches Ergebnis dir am besten gefällt.

Farben auswählen

Nimm Farben, die dich glücklich machen. Du bist nicht an meine Farbwechsel gebunden, sondern kannst sie abändern und kombinieren, wie du magst.

Garnmenge kalkulieren

Die für jedes Muster angegebene Garnmenge ist für ein Garn mit einer Lauflänge von 120 m/50 g in einer Farbe und für eine Nadelstärke 4 mm kalkuliert. Wenn man ein anderes Garn und/oder eine andere Nadelstärke verwendet, ändert sich auch die benötigte Garnmenge.

Wenn du dich für ein Garn, eine Nadel und die Farben entschieden hast, fertige damit ein Musterquadrat an. Dann kannst du mithilfe einer der folgenden Methoden berechnen, wie viel Garn du für ein Quadrat benötigst.

Methode 1 – Abwiegen

Berechne, wie viel Meter 1 Gramm entsprechen.

Z. B. Bei einem 50-g-Knäuel mit 120 m Lauflänge ergibt 120 durch 50 2,4 m pro Gramm.

Z. B. Bei einem 200-g-Knäuel mit 670 m Lauflänge ergibt 670 durch 200 3,35 m pro Gramm.

Fertige dein Quadrat in den gewählten Farben an. Wiege mit einer grammgenauen Waage das Quadrat, wenn du jeweils eine Farbe beendet hast, und schreibe das Gewicht auf.

Z. B. 1.–2. Rd in Farbe 1 = 4 g. 3.–4. Rd. in Farbe 2 = 9 g. Du brauchst also 4 g von Farbe 1 und 5 g von Farbe 2 für ein Quadrat. Berechne nun, wie viel du von jeder Farbe für das ganze Quadrat benötigst.

Multipliziere die Grammzahl für jede Farbe mit deiner grammgenauen Kalkulation.

Z. B. Wenn ich ein Garn mit einer Lauflänge von 120 m/50 g nehme, rechne ich 2,4 x 4, um herauszufinden, wie viel ich davon für die 1.–2. Runde benötige. Davon brauche ich also 9,6 m für jedes Quadrat. Wiederhole das mit jeder Farbe, die du für dein Quadrat verwendest.

Methode 2 – Ausmessen

Fertige ein Quadrat in den gewählten Farben an, aber vernähe die Fadenenden nicht.

Trenne das Quadrat wieder auf und miss von jeder Farbe 1 m ab, lege das Garn dann in 1-m-Abschnitten aufeinander, bis ein kürzeres Stück übrig bleibt. Zähle dann die 1-m-Stücke, miss das kürzere Stück ab und addiere es dazu.

Die Gesamtmenge berechnen

Gleich, welche Methode du anwendest, im nächsten Schritt musst du ausrechnen, wie viel Garn du für dein ganzes Projekt benötigst. Wenn du weißt, wie viel Garn du von jeder Farbe für ein Quadrat brauchst, ist es einfach, das Ergebnis mit der Anzahl der für das Projekte benötigten Quadrate zu multiplizieren. Wiederhole das, wenn du verschiedene Muster für deine Quadrate verwendest.

Berechne dann zusätzlich Garn zum Verbinden und für die Randeinfassung dazu. So braucht man beispielsweise für die Decke Heirloom Sampler zusätzlich noch ungefähr 350 m zum Verbinden und für den einfachen Rand.

Glossar

In dieser Liste werden die in diesem Buch verwendeten Abkürzungen, Maschenarten und Techniken erklärt. Dabei werden Abkürzung, Maschenart und Technik gleichzeitig beschrieben und nicht gesondert aufgelistet. Wenn ihr die Quadrate häkelt, werdet ihr alles zugleich verwenden.

Ihr seht hier auch die Symbole, die in den Häkelschriften verwendet werden.

Abkürzungen			
	gr	groß	
	Rd	Runde	
	wdh	wiederholen	
	kl	klein	
	Zwr	Zwischenraum/Zwischenräume	
	M	Masche(n)	
	Anfangs-Lm	Anfangsluftmasche	Wird in einer Runde anstelle der ersten M gehäkelt und bei den Maschen mitgezählt.
	AS	Anfangsschlaufe für eine stehende Masche	Den Faden mit einer Anfangsschlaufe an der Nadel verknoten und die angegebene Masche wie gewohnt häkeln.
	U	Umschlag	Den Faden von hinten nach vorne um die Nadel legen.
Maschen			
•	Km	Kettmasche	Die Nadel in die M oder Zwr stechen, U und den Faden durch die M oder den Zwr und die Schlaufe auf der Nadel ziehen.
o	Lm	Luftmasche	Umschlag um die Nadel legen und den Faden durch die Schlaufe auf der Nadel ziehen.
+	fM	feste Masche	Die Nadel in die angegebene M oder Zwr einstechen, U, den Faden durch die erste Schlaufe ziehen, U, den Faden durch beide Schlaufen auf der Nadel ziehen.
	hStb	halbes Stäbchen	Den Faden um die Nadel legen, in die angegebene M oder Zwr stechen, U, durch die erste Schlaufe ziehen (3 Schlaufen auf der Nadel), U, durch alle 3 Schlaufen auf der Nadel ziehen.
	Stb	Stäbchen	Den Faden um die Nadel legen, in die angegebene M oder Zwr stechen, U, durch die erste Schlaufe ziehen (3 Schlaufen auf der Nadel), 2 x [U, durch 2 Schlaufen auf der Nadel ziehen].
	mStb	modifiziertes Stäbchen	Den Faden um die Nadel legen, in die angegebene M oder Zwr stechen, durch die erste Schlaufe ziehen (3 Schlaufen auf der Nadel), U, durch 2 Schlaufen ziehen, die Nadel in das vordere Maschenglied der vorigen Runde stechen und durch beiden Schlaufen auf der Nadel ziehen.
	hDStb	halbes Doppelstäbchen	Den Faden zweimal um die Nadel legen, in die angegebene M oder Zwr stechen, U, durch die erste Schlaufe ziehen (4 Schlaufen auf der Nadel), U, durch 2 Schlaufen ziehen (3 Schlaufen auf der Nadel), U, durch alle 3 Schlaufen auf der Nadel ziehen.
	DStb	Doppelstäbchen	Den Faden zweimal um die Nadel legen, in die angegebene M oder Zwr stechen, U, durch die erste Schlaufe ziehen (4 Schlaufen auf der Nadel), 3 x [U, den Faden durch 2 Schlaufen ziehen].

Techniken			
	hMg	nur hinteres Maschenglied	Die Nadel nur in das hintere Glied der angegebenen M stechen.
	vMg	nur vorderes Maschenglied	Die Nadel nur in das vordere Glied der angegebenen M stechen.
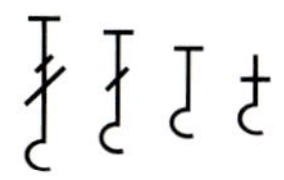	hR	hintere Reliefmasche	Die Nadel um die hinteren angegebenen Maschenkörper führen.
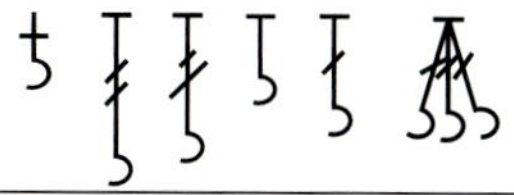	vR	vordere Reliefmasche	Die Nadel um die vorderen angegebenen Maschenkörper führen.
	Cl	Cluster	Mehrere M in dieselbe M oder Zwr häkeln. Die Anzahl und Art der M kann variieren, z. B. 4-StbCl, 5-DStbCl, 3-hStbCl.
	uns Verb	unsichtbare Verbindung	Nach der letzten M der Runde den Faden abschneiden. Den Endfaden durch die letzte M ziehen, auf eine Wollnadel fädeln und damit unter das „V" der ersten richtigen M der Runde stechen, dann wieder zurück durch die Mitte der letzten M und durch das hM der letzten M führen. Fest anziehen, dass sich oben auf der M ein „V" bildet, das Fadenende vernähen.
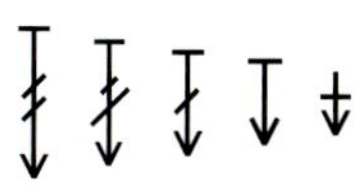	hMg	Schlaufe hinter dem „V"	Das dritte oder hintere Maschenglied einer M auf der Rückseite. Es liegt unter dem hinteren Maschenglied einer M.
	MR	magischer Ring	Methode, um ein Quadrat zu beginnen. Den Faden um die Finger zu einer Schlaufe legen, die Nadel in die Mitte führen und den Arbeitsfaden durchziehen, mit 1 Lm sichern. 1 Rd M in den Ring häkeln, dann den Faden anziehen und den Ring schließen. Das Fadenende sorgfältig vernähen.
	N	Noppe	Mehrere in dieselbe M oder Zwr gehäkelte M, die zum Schluss verbunden werden, indem man die Nadel herausnimmt, wieder in die erste M sticht und diese mit der letzten M mit einer Km verbindet. Wenn nicht anders angegeben, besteht eine N aus 5 Stb. Andernfalls wird die Zahl der erforderlichen M angeführt, z. B. 4-StbN, 3-StbN.
	Pikot	Pikot-Masche	3 Lm, Km in die erste Lm.
	Büschelm	Büschelmasche	5 x [U, die Nadel in die angegebene M oder Zwr stechen, durch die erste Schlaufe ziehen] (11 Schlaufen auf der Nadel), U, durch alle Schlaufen auf der Nadel ziehen.
	t	tiefe Masche	Die Nadel in die angegebene M oder Zwr stechen, meist in die Runde unter der gerade gearbeiteten, eine lange Schlaufe nach oben auf die Runde in Arbeit hochziehen und normal weiterhäkeln. Das kann eine beliebige Maschenart sein, z. B. tfM, tStb.
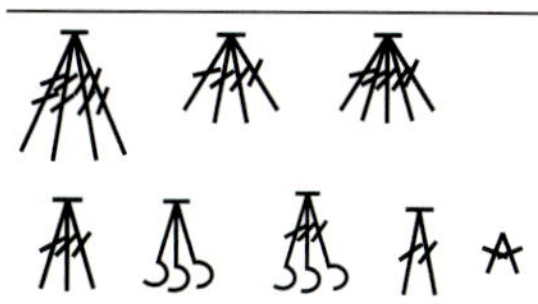	zus	zusammen	Mehrere M zusammenhäkeln. Die angegebene Maschenzahl bis zum letzten Schritt häkeln, U und den Faden durch alle Schlaufen auf der Nadel ziehen. Dabei steht immer „die nächsten # M". Man kann eine unterschiedliche Anzahl und Art von M zus häkeln, z. B. 5 Stb zus, 2 fM zus.

Information zu den Garnen

Verwendete Garne

Bendigo Woollen Mills Cotton and Wool
www.bendigowoollenmills.com.au

Handgefärbtes Garn von Briony
www.bybriony.com.au

Cascade Ultra Pima Cotton
www.cascadeyarns.com

Durable Yarn
www.durableyarn.com

Erica Knight Yarn
www.erikaknight.co.uk

King Cole Yarn
www.extraordinaryyarns.com
www.kingcole.com

Great Ocean Road Woollen Mill Yarns
www.gorwm.com.au

Katia Yarns
www.katia.com

Paintbox Yarns Cotton DK
www.paintboxyarns.com

Patons Yarn
www.ausyarnco.com.au

Rico Design Yarn
www.rico-design.de/en/home/

Scheepjes Yarns
www.scheepjes.com/en/

Stylecraft Yarn
www.stylecraft-yarns.co.uk

Tarndie Yarn
www.tarndie.com

Vinni's Colours
www.vinniscolours.co.za

White Gum Wool
www.whitegumwool.com.au

Wool and the Gang Billie Jean Yarn
www.woolandthegang.com

Yarn and Colours Must Have Cotton
www.yarnandcolors.com

Garnalternativen

Alia Bland
www.thelittlebee.co.nz

Dedri Uys
www.lookatwhatimade.net

Emily Littlefair
www.theloopystitch.com

Jane Balke
www.yarnbombersunited.weebly.com

Julie Harrison
www.littlewoolliemakes.com.au

Mandy O'Sullivan
www.redagapeblog.com

Marianne Dekkers-Roos
www.marrose-ccc.com

Michelle Robinson
www.poppyandbliss.com

Pony McTate
www.instagram.com/ponymctate

Rachele Carmona
www.cypresstextiles.net

Robyn Hicks
www.yummyyarnandco.com.au

Sandra Eng
www.mobiusgirldesign.com

Sarah Shrimpton
www.annabooshouse.blogspot.com.au

Susan Regalia
www.instagram.com/suregal27

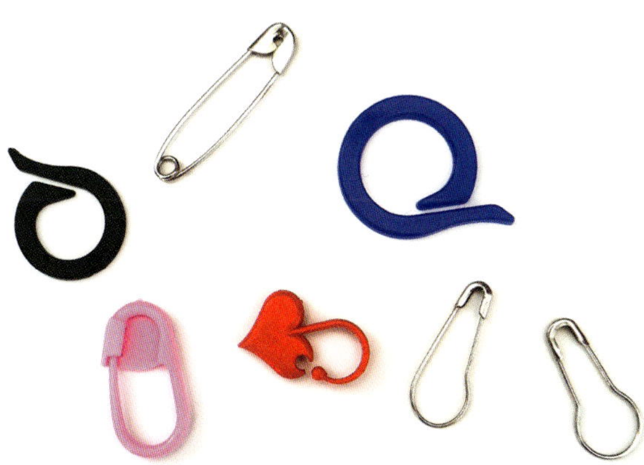

Danksagung

Dieses Buch wäre nicht ohne die Liebe und Unterstützung von meiner Familie zustandegekommen – von meinem Mann Stu und meinen Mädels Megan, Erin und Brenna. Ihr habt es hingenommen, dass ich mit meinem Computer und riesigen Wollmengen zugange war, als ich daran schrieb und meiner Arbeit nachging. Danke, dass ihr euch selbst um euch gekümmert habt (und um mich!), als ich so beschäftigt war.

Vielen Dank an das wundervolle Team, das mir geholfen hat, dieses Buch herauszubringen. Ihr seid euch nicht begegnet und kennt euch sogar nicht, aber für mich gehört ihr alle zu meinem erstklassigen Team. Vielen Dank, Michelle Lorimer, für deine sensationelle zeichnerische Arbeit. Vielen Dank, Jo O'Keefe, für die schlicht hervorragenden Fotos. Vielen Dank, SiewBee Pond, mein Layouter und außergewöhnlicher Korrektor, der auf alle winzigen Details geachtet und jedes Wort, Zeichen und Leerzeichen mehrmals überprüft und auch dafür gesorgt hat, dass alle Muster so gut wie möglich wurden. Vielen Dank an Amy Gunderson, die wunderbare Heldin, die alle Häkelschriften angefertigt hat. Du bist wirklich eine „wonder woman", Amy!

Bei der Erstellung dieses Buchs spielten meine Mustertester eine ganz große Rolle. Sie testeten unermüdlich und immer wieder die Muster, Häkelschriften und Projekte. So viel Arbeit, für die ich für immer dankbar bin. Vielen Dank euch, Barbara, Bek, Betty, Bonita, Chantelle, Isabel, Judy, Kalpana, Laurene, Lea, Lyn, Meghan, Monica, Nicole, Petrina, Rita, Samantha, Sharon, Shona, Stephanie, Tammy RP., Tammy T., Tharana und Vanessa.

Vielen Dank an meine Häkelfreunde auf der ganzen Welt, die für mich Quadrate in ihren Farben gehäkelt haben, damit ich sie hier aufnehmen kann. Eure Farbauswahl ist fabelhaft und passt richtig zu euch. Mein Buch ist damit um vieles reicher geworden. Ihr seid leuchtende Beispiele für die wundervolle weltweite Häkelgemeinde. Vielen Dank euch, Alia, Dedri, Emily, Jane, Julie, Mandy, Marianne, Michelle, Pony, Rachele, Robyn, Sandra, Sarah und Susan.

Ein großer Dank geht auch an euch, Judy, Sam und SiewBee, die mir bei einigen Projekten geholfen haben. Judy hat die Stola Melbourne, Sam die Babydecke Cirque gemacht und mir bei der Decke Blossoming Flowers geholfen, SiewBee hat den Schal Dahlia angefertigt. Ohne den gekonnten Einsatz ihrer Häkelnadeln würdet ihr immer noch auf dieses Buch warten! Vielen Dank an Sally Coffey, dass du mein schönes Model warst, und an das entzückende Baby Campbell Simpson, das Model auf der Babydecke Cirque.

Vielen Dank an Bendigo Woollen Mills, die mir so viel Garn zur Verfügung gestellt haben, wie ich für meine Kreationen benötigte. Alle cremeweißen Muster, viele in alternativen Farben und einige Projekte wurden aus ihrer herrlichen Baumwolle angefertigt. Vielen Dank an Great Ocean Road Woollen Mills, die mir das Garn für den Kissentopper Killarney zur Verfügung gestellt haben. Vielen Dank an Extraordinary Yarns für das Garn für die Decke Blossoming Flowers. Vielen Dank an Paintbox Yarns für das Garn für die Decke Prism Lap, an Scheepjes für das Garn für den Schal Dahlia und die Stola Melbourne, und an Yarn and Colours für das Garn für die Glasuntersetzer Radius. Vielen Dank an Briony, die das Garn für den Loop-Schal Sunshine eigens gefärbt haben.

Und schließlich gilt mein größter Dank an alle von der ganzen Welt, die ein oder mehrere meiner Muster gehäkelt haben, meinen Schülern und Schülerinnen, meinen Newsletter-Lesern und -Leserinnen, den wundervollen Menschen, die mir auf Social Media folgen. Ihr seid alle so enthusiastische Liebhaber meiner Häkelkreationen. Ihr alle ermutigt und unterstützt mich mit eurer grenzenlosen Liebenswürdigkeit und eurem Eifer. Ihr sorgt dafür, dass ich weiterhäkele!

Eure Shelley

Über die Autorin

Shelley Husband ist eine australische Häkeldesignerin und -lehrerin, sie lebt mit ihrem Mann und einem Teenager in einem winzigen Ort am Meer an der Südwestküste von Victoria. Ihre beiden älteren Kinder haben das Nest verlassen und sind dabei, ihre eigenen handwerklichen und künstlerischen Flügel in der Welt auszubreiten.

Shelley hat sich die meiste Zeit ihres Lebens mit Handarbeiten beschäftigt und mit den Jahren alle Arten ausprobiert. Jetzt verbringt sie die meiste Zeit mit einer Häkelnadel in der Hand. Nach einer jahrzehntelangen Pause entdeckte sie vor etwa sechs Jahren ihre natürliche Begabung für das Häkeln und hat seitdem Hunderte von Granny-Square-Muster entworfen.

Shelley liebt nichts mehr, als neue Muster zu entwerfen, um ihre und unsere Häkel-Fertigkeiten zu erweitern und uns sanft herauszufordern und zu ermutigen, zeitlose, klassische Stücke zu kreieren, die mit Sicherheit bewundert und geschätzt werden.

Nahtloses Häkeln ist ihre große Leidenschaft, und sie hat viele Tipps und Tricks parat, um unsere Häkelarbeiten so gut wie möglich aussehen zu lassen, wobei sie Techniken verwendet, die sie im Laufe der Jahre kombiniert und optimiert hat. Wenn sie keine Häkelwerke entwirft, kann man Shelley dabei finden, wie sie anderen in Workshops in Victoria und anderswo das Häkeln beibringt. Allen, die nicht selbst an einem Workshop teilnehmen können, zeigt sie überall auf der Welt ihre jährlichen Crochet-A-Long-Projekte in ihrem Blog und auf ihrem YouTube-Kanal. Es gibt keinen Zweifel an Shelleys Leidenschaft für alles, was mit Häkeln zu tun hat.

Ihr findet Shelley online unter www.spincushions.com und auf den meisten Social-Media-Kanälen unter spincushions.